R.PFEFFERKORN ∗ NORDDEUTSCHE BACKSTEINGOTIK

RUDOLF PFEFFERKORN

Norddeutsche Backsteingotik

CHRISTIANS

Titelbild: Stralsund, Rathaus

CIP-Kurztitelaufnahme der Deutschen Bibliothek

Pfefferkorn, Rudolf

Norddeutsche Backsteingotik / Rudolf Pfefferkorn.—
Hamburg: Christians, 1984.
ISBN 3-7672-0841-5

©Hans Christians Verlag, Hamburg 1984
Alle Rechte vorbehalten
Gestaltung und Zeichnungen Jubel Bartosch
Gesamtherstellung Hans Christians Druckerei Hamburg
ISBN 3-7672-0841-5
Printed in Germany

INHALT

Die Gotik und ihr künstlerischer Ausdruck

Die Baukunst der Gotik nahm ihren Ausgang vom Norden Frankreichs und setzte sich in verschiedenen Abwandlungen in den Ländern West- und Südeuropas durch. Sie gewann allerdings in England in demselben Maße wie die Architektur dieser Zeit in Deutschland eine durchaus eigenständige Form, die sich ihrerseits wiederum von vergleichbaren Bestrebungen in Spanien und Italien in entscheidender Weise abhob. Im europäischen Süden ist die Gotik im Grunde genommen in ihren struktiven Prinzipien kaum richtig gewürdigt und begriffen worden. So kennzeichnete der italienische Maler und Kunsthistoriograph Giorgio Vasari (1511–1574) die gotische Baukunst als Ausdruck „barbarischen" Stilempfindens, wobei er mit seiner Anschauung auf den Prinzipien des klassischen Altertums basierte, und er bezeichnete die Goten als die Urheber all dieser Geschmacklosigkeiten und Stilverirrungen, die die Auffassung der mittelalterlichen Menschheit nach dem Ausklingen der Antike und der altchristlichen Ära bis zur Erneuerung der Kunst durch die italienische Frührenaissance bestimmten. Diese Meinung war durch Lorenzo Ghiberti begründet worden und konnte eigentlich erst im Zeitalter der Romantik ad absurdum geführt werden. Caspar David Friedrich hat der grandiosen und eigenwilligen Substanz der Gotik in seinen Gemälden und Skizzen der Ruine Eldena bei Greifswald ein unvergängliches Denkmal gesetzt, das auf der Höhe der künstlerischen Bestrebungen dieser Zeit stand.

Die Architektur war die beherrschende Disziplin der künstlerischen Aussagen zu Zeiten des hohen und späten Mittelalters. „Das Bauen der mittelalterlichen Völker war mehr, als was wir Bauen nennen. Es war die stärkste Art gehobenen Ausdruckes, der sich an alle wenden konnte. Die Architektur überstieg die Forderungen des praktischen Bedürfnisses um eines allgemeineren Amtes willen. Sie übernahm es, drängende Anliegen, die nach erhabener Form verlangten, vorzutragen. Generationen trugen am Werden des Kunstwerks; und dieser zu langen Spannungen fähige Wille schuf in der Baukunst Vollendetes, als Malerei und Plastik noch in klösterlicher Enge und dienender Dumpfheit gebunden waren" (Wilhelm Pinder). Man wird sich bei alledem einen europäischen Standpunkt bewahren und erkennen müssen, in welcher Weise sich die einzelnen Länder und Kunstprovinzen unseres Kontinents gegenseitig befruchteten und keineswegs ein Primat gegenüber den kulturellen Leistungen benachbarter Völker beanspruchen dürfen. Auf der anderen Seite gilt es, überalterte Vorurteile zu beseitigen und besonderen kunstgeschichtlichen Erscheinungen wie der nordeuropäischen Backsteingotik jenes Maß an Würdigung und Anerkennung zuzubilligen, das sie mit Fug und Recht für sich geltend machen kann. Immerhin ist der Mut zur Selbständigkeit und zur eigenwilligen Lösung eines Themas höher anzuschlagen als die Nachahmung eines ausländischen Vorbildes, wie es der Dom zu Köln vorstellt. Engländer und Spanier haben am Ausgang des 12. und im 13. Jahrhundert gezeigt, welches hohe Maß an Eigenständigkeit ihre Baumeister gegenüber den Kollegen der Ile de France und der Picardie zu bewahren wußten.

Ein wesentlicher Faktor der gotischen Baukunst ist ihr spürbarer Gehalt an Transzendenz und Vergeistigung; zweifellos ist sie hier nicht nur der Antike und der Romanik, sondern auch der nachfolgenden Renaissance in erheblichem Maße überlegen. Die Menschen der Gotik waren von tiefstem Glauben erfüllt.

Solcher Glaube war im Gegensatz zu folgenden Zeiten nicht Ausfluß der Wirksamkeit eines Kirchenapparates, der allenfalls das Gehäuse jener alles beherrschenden Mystik war, der sich der mittelalterliche Mensch jener Jahrhunderte hingab. Den Typ des Menschen jener Epoche kann man in der Gestalt des Jodokus Vydt am Genter Altar der Gebrüder van Eyck kennenlernen. Ohne die Voraussetzung der tiefen Religiosität, die noch in das Zeitalter Tilman Riemenschneiders und Matthias Grünewalds hineinragt, sind die monumentalen Bauwerke jener Zeit undenkbar. Diese Religiosität basiert auf der Ebene einer hohen Ethik, wie sie Renaissance und Barock kaum für sich in Anspruch nehmen konnten. Eine solche Ethik spricht z.B. aus den Blättern der Minnesängerhandschriften, deren Gesinnung dem frivolen Geist des Decamerone diametral entgegengesetzt ist. Die Ekstase des Glaubens, die in den Glasmalereien der hohen gotischen Fenster mittelalterlicher Kirchen lebt, ist ein echtes Dokument der Haltung der Menschen jener Epoche.

Wilhelm Pinder hat am Beispiel des Georgsdomes zu Limburg a. d. Lahn den spezifischen Ausdruck der Baukunst unseres Landes mit den Worten umrissen: Die starke Resonanz der Werke der großen Meister der mittelalterlichen Malerei (Meister Bertram, Meister Francke, Stephan Lochner, Hans Multscher) beweist das Interesse, mit dem sich der Mensch des XX. Jahrhunderts wieder gotischem Geiste zugewendet hat — vor allem die wahrhafte Wiederauferstehung, die Matthias Grünewald seit dem Ende des ersten Weltkrieges erlebt hat, zeigt das. Scharen von Kunstinteressierten besuchten seitdem seinen Isenheimer Altar im Kolmarer Museum, und sie sehen in diesem Kunstwerk mehr als die reine Malerei — sie suchen in diesem grandiosen Altar den Geist und die Intensität einer gläubigen Aussage.

,,Eine Baukunst, die so von der Erde aus allseitig zusammenstrebt, hat in sich selbst etwas vom Wuchse gebirgiger Landschaften. Wo sie die Bodenform sich selbst entgegenkommen fühlt, wird sie ihre Vollendung durch Weiterdenken gewinnen. Zu Ende gedachte Natur, Steigerung der Bodenschönheit, geistvolle Schwebe zwischen Gesetz und freiester Haltung." Zu den Mitteln dieser gotischen Konzeption gehören die gewaltigen Raummaße, die weit über das begrenzte Volumen romanischer Kirchen hinausgehen. Die architektonische Konzeption erscheint wie ein Symbol des Weltenraums selbst, in dem sich der Mensch verlassen gegenüber der Gewalt der Schöpfung vorkommt. Mit dem Ausgang des Mittelalters verlor der europäische Mensch die Kraft, in solchen Ausmaßen zu denken. Er ersetzte die Weite des Raumes durch ein raffiniert inszeniertes Theater von Form und Farbe — hier allerdings leistete der Barockstil geradezu Unübertreffliches.

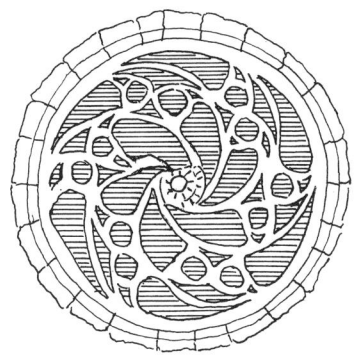

Nationale und internationale Tendenzen und Einflüsse

Die Kirchenbaukunst der Backsteingotik hat sich (wie unten gezeigt werden wird), im Spannungsfeld zweier Bautypen entwickelt, zwischen Basilika und Hallenkirche, wobei naturgemäß der Ostabschluß der Kirchenbauten eine bedeutende Rolle spielte. Die Backsteinkathedrale stand zeitweise unter dem Einfluß französischen Baudenkens, das über Flandern in das deutsche Küstengebiet gelangte. Dabei darf man jedoch nicht übersehen, daß ein grundsätzlicher Unterschied zwischen jener Vorstellung besteht, die sich mit den französischen Kathedralen zu Paris, Reims, Chartres oder Amiens verbindet, und den Backsteindomen zu Lübeck, Doberan, Stralsund und Rostock. Die französischen Steinmetzen entlockten dem Kalkstein Wirkungen, die dem Steine noch in der Romanik nicht eigneten – Wirkungen solcher Art, mit denen vergleichsweise der barocke Bildhauer gegenüber den Arbeiten seiner Renaissance-Kollegen Effekte erzielte, die an sich „unplastisch" sind und auf den eigentlich malerischen Werten von Licht und Farbe beruhen. Der Baumeister der Backsteingotik hielt sich in den Schranken, die ihm sein Material vorschrieb. In formaler Beziehung überzeugte er durch vornehme Haltung und monumentale Gesinnung.

Diese gotische Gesinnung war das Resultat einer Bodenständigkeit, die der nordeuropäischen Backsteinkunst zu einer unverkennbar eigenen Note verhalf, die sich nicht nur in Kirchenbauten, sondern ebenso in Rathäusern, Stadttoren, Festungsmauern und Bürgerhäusern manifestiert.

Von Georg Dehio stammt die treffende Definition der deutschen Backsteingotik: „Sie ist selbstbewußt ohne Selbstgefälligkeit, sachlich ohne Nüchternheit, ernst ohne Kälte, streng ohne jegliche Anwendung von Askese, kühn im Großen und haushälterisch im Kleinen, besonnen, immer geradeaus auf die Hauptsache gerichtet."

Das Gebiet der Backsteingotik ist von gewaltiger Erstreckung. Auf diesen vornehmlich den Meeresküsten zugewandten Landstrichen erstand eine Kunst von einer einheitlichen Struktur, die „an Gleichmaß und Vollendung vielleicht einzig dasteht" (Wilhelm Pinder). Zugleich war es in politischer Sicht die Kunst einer kolonialen Expansion, die sich in der Generation Heinrichs des Löwen und der folgenden Geschlechter anschickte, das architektonische Bild dieser neu gewonnenen Gebiete in entscheidender Weise mitzuprägen. Hatte man noch am Ausgang des 19. Jahrhunderts die Backsteingotik als Ausdruck provinzialen Denkens und Schaffens betrachtet, das an der Peripherie der allgemeinen Entwicklung der Baukunst im 13. und 14. Jahrhundert lag, so ging man seit Anfang unseres Jahrhunderts dazu über, die Backsteinbaukunst als elementaren Ausdruck eines besonderen und stilistisch eigenwilligen Strebens zu werten, wie es Hans Much (freilich in einer unerträglichen Überbetonung germanischer Tendenzen) unmittelbar nach Abschluß des ersten Weltkrieges tat.

Zweifellos kam eine entscheidende Anregung für die Ziegelbaukunst in Nordeuropa aus Oberitalien. Hier findet man die meisten Beispiele an Parallelen zur norddeutschen Backsteinarchitektur, sowohl in der Romanik als auch in der Gotik. Die technischen Voraussetzungen (der Mangel an natürlichem Steinma-

terial) waren hier wie dort dieselben. Die italienische Baukunst konnte sich auf die von den Römern entwickelte Ziegeltechnik stützen, die selbst nach dem Zusammenbruch des Imperium Romanum in vielen Teilen des Weltreiches bis nach England hinauf, z.B. an der romanisch-normannischen Kathedrale von St. Albans, ihre materielle „Wiederauferstehung" feiern konnte. Die Ziegeltechnik hatte ohnehin über den altchristlichen Bereich (man denke an die zahlreichen Kirchen in Ravenna) ihre Fortsetzung gefunden; man weiß, daß Maurer und Handwerker, die in Ravenna arbeitslos wurden, in den europäischen Norden, besonders nach England gingen. In Italien existierten aus dem Umkreis der römischen Herrschaft viele Zeugen einer großartigen Vergangenheit, von denen die Nachfahren den gewaltigen Ausdruck des Ziegelsteinbaues lernen konnten: das Colosseum, das Mausoleum des Hadrian, die Curia Julia und die Konstantinsbasilika, um nur einige Beispiele zu nennen. Das Erbe dieser römischen Architektur findet sich im Bereich altchristlicher Kunst, und hier gibt es Beziehungen zu Byzanz. Erneut setzen solche Bestrebungen in der Backsteinbaukunst etwa mit der Jahrtausendwende ein; Macht und Reichtum der Städte in der Lombardei ließen eine neue Blüte des Ziegelbaues entstehen. Es entwickelten sich rege internationale Beziehungen zwischen Italien und dem europäischen Norden; die handels- und verkehrspolitische Bedeutung besonders Oberitaliens beeinflußte die Anschauung der nordeuropäischen Kaiser und Fürsten in erheblichem Maße. Rasch erkannten sie die tragende Funktion, die das dort verwendete Baumaterial auch in ihren Ländern haben mußte, „denn sicher hatten sie bei ihren vielfältigen Kirchengründungen und Burgenbauten den Mangel eines handlichen Baustoffes bereits schwer empfunden" (Otto Stiehl).

TAFEL 1

Die in Italien gepflegte Ziegelbauweise wurde in jener Zeit auf die Gebiete Nordeuropas übertragen. Herzog Heinrich der Löwe und die wesentlichen Persönlichkeiten seiner Umgebung spielten hierbei sicher eine entscheidende Rolle. Dieser tatkräftige Herzog begründete 1173 den Dom zu Lübeck und ließ den eindrucksvollen romanischen Backsteindom zu Ratzeburg errichten; zugleich war er der Landesherr in Bayern, und auch in seinen Stammlanden baute man in den Städten von Landshut bis Augsburg und im Ostteil Bayerns in Backstein. Stiehl meint, diese Situation mache „es wahrscheinlich, daß Heinrich der Löwe oder maßgebende Männer in seiner Umgebung an der Einführung des Backsteinbaues regen Anteil genommen haben."

Dabei wird nicht zu übersehen sein, daß die norddeutsche Backsteingotik anderen Prinzipien unterworfen war als ihre ausländischen Parallelformen in Dänemark, Flandern und in den Ostgebieten. Die Anregungen aus Italien wurden in den verschiedenen Provinzen unterschiedlich aufgenommen und weiterentwickelt. So ist das Raumgefühl in Norddeutschland grundsätzlich anders als in den Nachbarländern, und die deutsche Eigenart der Errichtung ragender Türme, die man ebenso im Werksteinbau verfolgen kann, weicht oft genug vom französischen Kathedralschema der Doppelturmfassade ab, wobei die deutschen Türme viel stärker in das Volumen der Kirche selbst integriert werden. Ebenso verleiht die Gestaltung des Daches, die Neigung zur Vereinheitlichung und Konzentration der Dachlösung den norddeutschen Ziegelarchitekturen ihr eigentümliches Bild. Man kann gelegentlich sogar eine Anlehnung des norddeutschen Backsteinbaues besonders im sächsischen Hoheitsgebiet Heinrichs des Löwen an den Werksteinbau beobachten: Hier gibt es Parallelen in Gesamtkonzeption und Detailformen, z.B. bei der Gliederung der Pfeiler zwischen den Domen zu Lübeck und Ratzeburg auf der einen und dem Braunschweiger Dom auf der anderen Seite. Auch strahlen Anregungen aus dem normannischen Umkreis in England auf Dänemark aus, und der Einfluß aus dem dänischen Bereich macht sich im Westen Norddeutschlands, etwa im Lauenburgischen (Mölln) geltend.

Es dürfte einigermaßen schwer zu entscheiden sein, welche Faktoren bei der Ausbildung des Backsteinstils von erheblicherem Gewicht waren: die Tatsache der starken Einflußnahme des Bürgertums in den reichen Hansestädten, des Bürgertums, das oft genug in Wettbewerb zu den kirchlichen Autoritäten trat und als Bauherr fungierte, oder aber durch Technik und Material bedingte formale Eigentümlichkeiten, die sich in ihren Resultaten von vornherein von den

Werksteinbauten abheben mußten. So läßt die stilistische Entwicklung der gotischen Baukunst im allgemeinen durchaus Parallelen zur Ziegelarchitektur erkennen, doch ist es auf der anderen Seite schwerlich zu bestreiten, daß bestimmte Voraussetzungen wie die gleichbleibende Ziegelgröße und der rechtwinklige Mauerverband der Backsteingotik formale Begrenzungen auferlegten, die sie nicht zu überwinden vermochte. Ebenso wenig wird man übersehen dürfen, daß gerade hierin eine Stärke der Ziegelarchitektur lag: ihr Hang zur Monumentalität.

FIG. 1
Ratzeburg, Dom: Vorhalle

Die deutsche Backsteinromanik

Die deutsche Ziegelarchitektur des 12. Jahrhunderts zeigt ein in sich durchaus heterogenes Bild. Hier wird die Situation der Romanik im allgemeinen reflektiert: in dieser Epoche entstehen viele Dorfkirchen, die einschiffig sind und mit einer wuchtigen Flachdecke ausgestattet wurden; die bereits eingewölbten Basiliken entsprechen dem Prinzip des gebundenen Systems, das die Abmessungen des Vierungsquadrates für die Ausdehnung der Kirche, für die Gestaltung des Ostteils und für die Breite der Seitenschiffe automatisch nach einem festgelegten Schlüssel zugrundelegte.

TAFEL 3

Zu den frühesten Beispielen der norddeutschen Backsteinromanik gehört die Pfarrkirche St. Marien in Bergen/Rügen, die um 1180 in spätromanischer Zeit begonnen und im 14. Jahrhundert zu einer gotischen Hallenkirche umgebaut wurde. Der Bergener Kirche eignet in den Bauformen fast etwas Zyklopisches: Blöcke und Würfel beherrschen ihre Struktur, und die kleinen Fenster lassen die gewaltige Sprache der Wände voll erklingen. Überall wurde die Horizontale betont. Die Bergener Kirche folgte dem System der Basilika: das Mittelschiff überragte die Seitenschiffe an Höhe und weist durch seine Fenster Einfallsmöglichkeiten für das Licht auf. Die Querschiffarme sind von ausladender Kraft, und der Raumeindruck wird von der Vierung bestimmt. Ein quadratischer Turm erhebt sich über der querschiffartigen Eingangshalle. Die Maßverhältnisse des Innenraums sind wuchtig und übersichtlich, und eine hölzerne Flachdecke dominierte ehemals in diesem Interieur ebenso wie noch heute in der Klosterkirche des ehemaligen Prämonstratenserklosters Jerichow (Bezirk Magdeburg, be-

TAFEL 2

gründet 1144, wesentliche Bauzeit im letzten Viertel des 12. Jahrhunderts). Ihr großartig ausgewogenes Interieur bezieht seine Wirkung von dem volltönenden Rot des Ziegeltons. Die Jerichower Kirche ist eine dreischiffige Säulenbasilika mit ausgeschiedener Vierung. Das Langhaus ist von der überhöhten Vierung und dem Chor getrennt. Die wuchtigen Arkaden lassen fast an englische Beispiele des normannischen Stils, etwa an die Kathedrale zu Southwell, denken; die Kapitelle sind von klarer und kantiger Gestalt. Man spürt in der Kirche zu Jerichow den lombardischen Einfluß, der sich u.a. in den beiden weitgespannten Bögen zwischen Langhaus und Krypta manifestiert, ebenso in den Schmuckfriesen an Chor und Langhaus. Ferner wurden die wuchtigen Trapezkapitelle auf den zylindrischen Pfeilern in Oberitalien entwickelt. Die Jerichower Kirche hat übrigens zahlreiche Nachfolger gefunden, u.a. in den Dorfkirchen von Schönhausen, Wust-Melkow und Sandau (sämtlich im Landkreis Ha-

TAFEL 4

velberg).

Die machtpolitisch bedeutsamsten Domgründungen beruhen auf der Tätigkeit Heinrichs des Löwen. Im Jahre 1163 wurde der Dom zu Lübeck geweiht. Er war zunächst noch eine Holzkonstruktion, und 1173 legte der Herzog den Grundstein zur dreischiffigen Basilika nach dem gebundenen System. Ebenso war die ehemalige Lübecker Marktkirche ein Holzbau; er wurde ab 1200 durch eine große romanische Backsteinbasilika ersetzt. Unmittelbar auf Heinrich den Löwen geht die Gründung des romanischen Backsteindomes zu Ratzeburg zurück. Er entstand, nachdem auf Anordnung des Herzogs 1143 die Grafschaft Ratzeburg errichtet worden war. Der Dombau begann gegen 1170; zehn Jahre später waren bereits Ostteil und Querhaus vollendet, und um die Jahrhundertwende

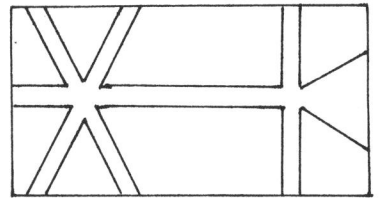

wurden die Bauarbeiten am Langhaus abgeschlossen. Die eindrucksvolle südliche Vorhalle des Doms stand bereits 1215. Der Ratzeburger Dom überrascht durch seine kraftvolle Südwand und die romanischen Friese an der Giebelfront der Vorhalle. Der eigentliche Giebel erhebt sich über dem romanischen Kreuzbogenfries. Der schmuckhafte Eindruck wird durch eine Rosette verstärkt, und die Gestaltung erhält durch zarte glasierte Stäbe eine knapp angedeutete Vertikalstruktur auf dem Grunde der kornährengemusterten Wandfläche. Hier liegt ein frühes Beispiel einer souveränen Behandlung des Backsteinmaterials und der Meisterung jener Schwierigkeiten vor, die sich aus der Sprödigkeit des Ziegelsteins ergeben mußten. Auch die Ratzeburger Vorhalle mit ihrer stützenden Vierpaßsäule und der kubischen Konzentration des Raumes dürfte auf das Vorbild oberitalienischer Kirchen hinweisen, vor allem mit der effektvollen Wirkung der dunkelfarbigen und glasierten Steine an der Säule selbst und an den Gurten.

FIG. 1

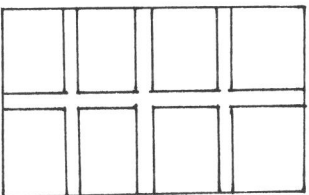

Das Innere des Ratzeburger Doms enthält drei Mittelschiffsjoche und zeigt eine Konzentration in den formalen Elementen, mit der die Strenge und Großartigkeit der Außenansicht weitergeführt wird. Das Interieur wird vom Gewölbebau im vorgotischen spitzbogigen Querschnitt bestimmt, wie man ihn in vergleichbarer Weise im Braunschweiger Dom vorfindet. Das Interieur dieses Domes wird von feierlicher Würde und formalem Ernst geprägt.

Heinrich der Löwe erbaute seinen Dom zu Bardowick, den er nach der Zertrümmerung der unbotmäßigen Stadt nach seiner Rückkehr aus dem englischen Exil stehen ließ, aus hellem Quadergestein. Diese Kirche wurde dann nach 1380 abgerissen, und die Turmkappen sind Ende des 15. Jahrhunderts in Backstein vollendet worden. Der Dom von Bardowick ist als dreischiffige Backsteinhallenkirche im Anschluß an den Chor errichtet worden, der bereits aus den Jahren vor 1380 stammte.

In romanischer und spätromanischer Zeit entstanden überall im Norden Deutschlands bedeutende Backsteinbauten, wie z.B. die Marienkirche in Salzwedel (erste Hälfte des 13. Jahrhunderts), die Pfarrkirche in Gadebusch (seit 1220/30), die ehemalige Klosterkirche der Augustinerchorherrn in Bad Segeberg (vollendet kurz nach 1200); von der Klosterkirche in Jerichow war bereits die Rede.

TAFEL 5

Im Bereich des Bezirks Magdeburg erhoben sich maßstabbildende Beispiele der Backsteinromanik: neben Jerichow der alte Dom zu Havelberg und die Klosterkirche des ehemaligen Benediktinerinnenklosters zu Arendsee (begonnen nach 1184). Beim Havelberger Dom, der im Kern romanisch ist und nach einem Brand im Jahre 1269 im gotischen Stil umgebaut wurde, ragt das mächtige Westwerk empor, das im 12. Jahrhundert in Backsteinbauweise aufgestockt wurde. Die Ziegelsteinaufbauten der beiden Querriegel gehören zu den Anfängen der Backsteinarchitektur der Romanik. Hier handelt es sich um die Ergebnisse der regen Bautätigkeit des Ordens der Prämonstratenser, denen nicht nur die Klosterkirche zu Jerichow zu verdanken ist, sondern ebenso die Klausurgebäude in Havelberg. Ab 1150 erfolgte die Restaurierung des Havelberger Domes, der erneut im Jahre 1170 geweiht wurde. „Die äußere Gestalt des romanischen Doms ist ziemlich vollständig erkennbar. Der Dom ist übersichtlich in Ostbau, dreischiffige Basilika und Westbau gegliedert." (Alfred Schirge)

Auch in der Mark Brandenburg wurden wesentliche Beispiele der Backsteinromanik errichtet, z.B. die spätromanischen Ostteile der Klosterkirche zu Lehnin

TAFEL 6

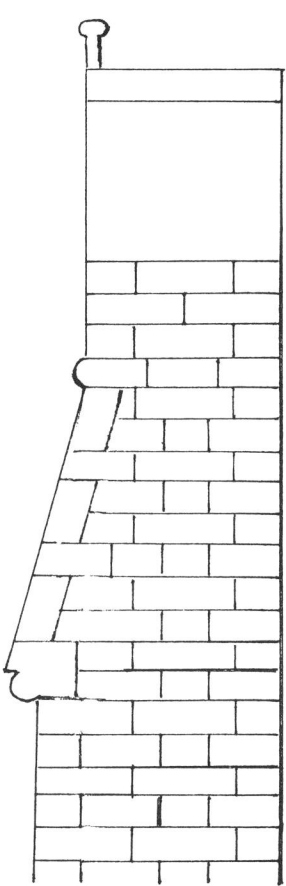

und der Dom St. Peter und Paul zu Brandenburg (romanische Bauperiode 1165–1193, Bau des Langhauses um 1220). Die Mark Brandenburg hat auch in späterer Zeit (man denke an den eindrucksvollen Klosterbau in Chorin) der norddeutschen Ziegelarchitektur entscheidende Impulse vermittelt.

Bei aller Vielfalt der Formen der norddeutschen Backsteinbauten kann man eine Selbständigkeit der lokalen Schulen beobachten, die gegenüber den oberitalienischen Vorbildern verhältnismäßig unabhängig verfuhren, so sehr sie auch Anregungen aus diesem Bereiche aufnahmen. Wie überall im Gebiet der spätromanischen Architektur entwickelte sich auch in Norddeutschland (wie auch in England) der sog. Transitionalstil: ein Übergangsstil, der die Überleitung zur eigentlichen Gotik darstellt. Dieser stilistische Wandel ging später als in Frankreich und England vor sich und sogar noch etwas später als auf dem Gebiete der Werksteinkunst in Deutschland (etwa um 1260). Dabei trat allerdings keine scharfe Zäsur zwischen ausklingender Romanik und beginnender Gotik auf. Dieser Übergangsstil nähert sich jedenfalls entschieden stärker der gotischen Situation an, und das in demselben Maße, wie die Basilika von Saint-Denis im Norden der französischen Hauptstadt viel eher die Prinzipien der Gotik repräsentiert als jene der ausklingenden Romanik. Für die Backsteinbaukunst mag man es als Tatsache von entscheidender Bedeutung betrachten, daß sich die Ziegelarchitektur in Deutschland erst dann gotischen Prinzipien zuwandte, als der Kalkstein diesen Übergang bereits vollzogen hatte. Die Auseinandersetzung mit den französischen Vorbildern blieb der deutschen Backsteingotik weitgehend erspart. Wohl wurde der deutsche Raum von der neuen Auffassung erobert und durchdrungen, jedoch geschah dies nicht auf revolutionäre, sondern eher auf evolutionäre Weise. Die deutsche Backsteinromanik, die das Jahrhundert von 1150 bis 1250 beherrscht hatte, war an ihrem logischen Schlußpunkt angelangt: sie hatte sich ausgelebt und räumte nun der neuen Konzeption das Feld. Die Gotik hatte ohnehin bereits überall gesiegt.

FIG. 2 Lehnin, Klosterkirche: Bogenform im Chorraum

Die deutsche Backsteingotik — Die historischen Grundlagen

Es ist heute unbestritten, daß die Backsteingotik zu den bedeutendsten Schöpfungen der europäischen Kunstgeschichte zählt und daß in ihr ein nordeuropäisches Element — Gesinnung und Glauben — kulminiert. Sie ist keine Architekturgleichung auf mathematischer Grundlage: sie strahlt Ruhe, Besonnenheit und Mystik aus. Die entscheidenden Faktoren sind Baustein, Landschaft und Farbe, und sie ist undenkbar ohne die Basis der geschichtlichen Entwicklung. Die eine Wurzel ist militärischer Art: das Wirken des Deutschritterordens. Er wurde während der Kreuzzüge zu Akkon (1190) gegründet und bereits durch Papst Clemens III. 1191 bestätigt. Die Herren im weißen Ordensmantel mit dem schwarzen Kreuz darauf traten ab 1230 zur Bekämpfung der heidnischen Preußen an, und die berühmtesten Hochmeister aus jener Epoche waren Hermann von Salza und sein Stellvertreter Hermann Balk. Sie unterwarfen durch jahrzehntelange Kriegsarbeit außerdem Livland und verlegten den Ordenssitz zu Beginn des 14. Jahrhunderts auf die Marienburg (1309). Die entscheidende Glanzzeit des Ordens lag in der Epoche der Amtsführung durch Winrich von Kniprode (1351–1382). Die Marienburg (im ehemaligen preußischen Regierungsbezirk Danzig) ist ein Hauptwerk der deutschen Backsteingotik, und zu seinen wesentlichen Räumen gehört der eindrucksvolle Remter.

Der zweite Faktor von ausschlaggebender Art war wirtschaftspolitischer Natur: die Hanse, ein Bund deutscher Kaufleute im In- und Ausland, dessen Wirksamkeit sich zeitlich vom 13. bis zum 17. Jahrhundert erstreckte. Dieser Bund erwies sich als einer der mächtigsten und einflußreichsten innerhalb der europäischen Wirtschaftsgeschichte und umfaßte über neunzig See-, Binnen- und Reichsstädte von Amsterdam bis hinauf nach Reval. Hauptzweck des Hansebundes war die Aufrechterhaltung der Sicherheit auf den Meeren und den Handelsstraßen. Die Hanse hat ihre Ansprüche in schweren Kämpfen gegen Dänemark und Norwegen verfechten müssen. Mittelpunkt der Hanse war die Stadt Lübeck: die Organisation war in vier Kreise eingeteilt, den wendischen, westfälischen, sächsischen und preußischen Bezirk.

Im Falle der Ordensgotik handelte es sich um den Beschluß der Deutschordensritter, das Land im Osten zu erobern und mit Bauwerken zu überziehen — angesichts des Mangels an Haustein stand vor allem der Backstein zur Verfügung. Ernst und Ruhe ist das Charakteristikum dieser Bauten; in solcher Architektur wird die tragende Idee des Ordens spürbar, und die Marienburg vermittelt das Bild von Vollendung und überzeugender Schöpfung im ästhetischen Sinne.

Der deutsche Kaufmann der Zeit bewährte sich als Städtegründer. Seine Domäne waren für zwei Jahrhunderte die Nord- und die Ostsee, und man traf die Hanseschiffe von den Niederlanden her über englische und skandinavische Häfen bis hinauf nach Riga und Reval. Die selbstbewußten Hanseherren wußten ihre Rechte selbst gegenüber den Ansprüchen von Königen wahrzunehmen. Zu den Verdiensten der Hanseherren darf man nicht nur den militärischen Schutz ihrer Mitglieder zu Lande und zur See rechnen, sondern ebenso die Förderung der Blüte der Städte. Zu den Hauptaufgaben der deutschen Kaufleute gehörte zugleich die Planung und Anlage neuer Stützpunkte, und so entdeckten sie z.B.

um 1200 Stralsund als geeigneten Hafen. Aus einem primitiven Handelslager hat sich schließlich die Stadt entwickelt, und schon im Jahre 1234 erhielt sie das lübische Stadtrecht. Stralsund wuchs in systematischer Anlage empor: In der zweiten Hälfte des 13. Jahrhunderts errichteten die Bürger das gewaltige Rathaus als gotischen Backsteinbau mit seiner beherrschenden Giebelfront — einen der überzeugendsten Profanbauten in Norddeutschland überhaupt. Daneben erhob sich der Dom von St. Nikolai und beherrschte den Stralsunder Markt gemeinsam mit dem Rathaus, und an der Peripherie des Marktplatzes entstanden weitere Backsteinhäuser. Solche Anlagen traten in Konkurrenz zu den Gründungen der Fürsten und Landesherren, hinter denen sie keineswegs zurückblieben. Der Marktplatz wurde zum Symbol von Bürgerstolz und Unabhängigkeit. Stralsund ist bei alledem nur e i n Beispiel für die mannigfaltige Entwicklung dieser Art im gesamten Küstengebiet.

Es wird noch darzulegen sein, in welchem Maße das Kathedralschema von Frankreich her seinen Einfluß auf die Städte des wendischen Bezirks, z.B. Lübeck, Stralsund, Wismar, Rostock und Greifswald genommen hat. Die Baumeister der Backstein-Hallenkirchen hatten immer das westeuropäische Vorbild bei der Grundkonzeption im Auge — aber in der gewaltigen Ausdehnung des Kirchenraumes lagen sie miteinander in scharfer Konkurrenz. „Der Aufbau wirkt rein zweigeschossig, in deutscher Weise ohne eigentliches Triforium. Gigantische Pfeiler reißen den Blick in die Höhe. Man will imponieren und versteht es." (Wilhelm Pinder) In diesen Backsteindomen lebt der kühne Unternehmergeist der hansischen Kaufleute, der sich in einem so verhältnismäßig späten Bildnis wie dem Porträt des Kaufmanns Georg Gisze von Hans Holbein d. J. (Berlin) dokumentiert. Den späten Besucher dieser Backsteinkirchen Norddeutschlands ergreift zugleich das Gefühl der hansischen Unabhängigkeit gegenüber den höchsten Gewalten politischer und kirchlicher Hierarchie dieser Epoche.

Gegenüber dem wendischen Bereich der Ostseestädte war die Mark Brandenburg relativ zurückhaltend in Raumgestaltung und Ausdruck. Die wesentlichen Städte sind hier Brandenburg, Tangermünde (einst Karls IV. brandenburgische Residenz) und Prenzlau. Hier sind die großartigen Formen der Spätgotik entstanden.

TAFEL 38 Sowohl im Sakral- als auch im Profanbau (Katharinenkirche zu Brandenburg, Rathaus zu Tangermünde) hat sich eine dekorative Gestaltung von unendlich feinem Formgefühl bewährt und zu Höhepunkten der spätgotischen Backsteinbaukunst überhaupt geführt. In der Mark tritt das Monumentale hinter die klare formale Definition zurück.

TAFEL 7 In der Mark Brandenburg fand man bereits in den siebziger Jahren des 13. Jahrhunderts in der Klosterkirche zu Chorin und ihrer grandiosen Westfassade einen durchaus eigenen Stil. Die dreigestaffelte Konzeption und die Ornamentik dieser Fassadenwand gehören zum Eindrucksvollsten im Bereiche der Backsteinbaukunst überhaupt.

FIG. 3   Backstein-Mauerverband

FIG. 4   Friesformen der Backsteingotik

Es ist im Grunde genommen zur kunsthistorischen Würdigung der deutschen
Backsteingotik verhältnismäßig spät gekommen. Einer der entscheidenden Bahn-
brecher auf diesem Gebiete war Franz Kugler mit seiner „Pommerschen Kunstgeschichte" (veröffentlicht 1840). Georg Dehio hat in seinem „Handbuch der
deutschen Kunstdenkmäler" (erschienen 1905–1912) und in seiner „Geschichte der deutschen Kunst" (Berlin und Leipzig 1919–1921) die gültigen Formu-
lierungen über die deutsche Backsteingotik geprägt und von „einer Kunst voll
Mark und Saft und Eigenwillen" gesprochen. Nunmehr stand es endlich fest,
daß die norddeutsche Backsteingotik ein entscheidender Teil der europäischen
Gotik überhaupt war. Die Anzahl der Publikationen auf diesem Gebiet wuchs
ständig an, und die Forschung erstreckte sich sogar auf Detailgebiete wie die
Ziegelstempel in Lüneburg (Franz Krüger), für die ein enger Kontakt mit den
Werkstätten der Stadt Tangermünde nachgewiesen werden konnte. Das Heimatmuseum im Rathaus von Tangermünde würdigt die kunsthistorische Bedeutung
dieser Ziegelstempel.

Der frühere heimatkundliche Zug an der Backsteinbaukunst trat nunmehr in
den Hintergrund. Der zweite Weltkrieg hat empfindliche Lücken in den Bestand
der Backsteingotik geschlagen; viele Bauwerke wurden durch den Bombenkrieg
völlig zerstört, vor allem in den Küstenstädten der Ostsee, und manche Bauwerke verfielen nach dem Kriegsende, ohne daß die Mittel vorhanden gewesen wä-
ren, sie zu restaurieren. Naturgemäß hat es auch Stimmen gegeben, die den
Backsteinbau als eine Erscheinung hinzustellen versuchten, die im wesentlichen
von dem Phänomen einer Stilverspätung bestimmt worden sei (Lottliesa Behling:
„Das ungegenständliche Bauornament der Gotik", Halle 1937). Solche Betrach-
tungsweise läßt die materiell bedingte Eigenständigkeit der Backsteingotik außer
acht. Der norddeutsche Ziegelbau war eben alles andere als eine Abschrift jener
Bau- und Schmuckformen, wie sie der Werksteinbau allerorten in Europa in das
Kunstvokabular der Epoche eingeführt hatte. Heute darf man mit einer allgemeinen Übereinstimmung in der Meinung rechnen, daß die Meister der norddeutschen Backsteingotik über außerordentlich breitgefächerte künstlerische
Möglichkeiten verfügen mußten, um dem schwer zu bearbeitenden Baustoff
jenes Maß an ästhetischer Wirkung abzugewinnen, um jene Resultate ernster

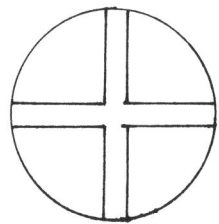

und feierlicher Repräsentation zu erzielen, mit denen sie vor der Kunstgeschichte bestehen. Diese Baumeister haben ungeachtet aller in sich heterogenen Erscheinungsformen der einzelnen Elemente zu einer Einheitlichkeit der baukünstlerischen Gestaltung gefunden, die eben doch eine „Formel" der Ziegelarchitektur jener Jahrhunderte erkennen läßt. Das ist eine Leistung von kunstgeschichtlicher Bedeutung und Größe.

Die entscheidende Grundlage der deutschen Backsteingotik war die künstlerische Durchdringung des Materials, in dem eine völlig eigenwillige Variante der europäischen Baukunst ihren stilistischen Ausdruck erlangte. „Damit wurde hier und in dem gleichstrebenden Nachbarlande Dänemark eine künstlerische Großtat ersten Ranges vollbracht, die ihresgleichen in ihrer Art nicht hat und die Grenzen und Ziele baukünstlerischen Wollens auf einem spröden Sondergebiete weit über das bis dahin Gekannte hinaushob." (Otto Stiehl) Nach der Kolonisierung dieser Gebiete, in denen heute der Backsteinbau vorherrscht, mußte man damals zunächst einmal feststellen, daß der in den deutschen Westgebieten vorhandene Haustein fast gänzlich fehlte; in gewissem Umfange gab es zwar den Granit, aber der war von einer Härte, daß er sich mit den zur Verfügung stehenden handwerklichen Mitteln kaum bearbeiten ließ. Gelegentlich wählte man den Ausweg, von weither auf dem Wasserwege anderes Material (Tuff oder Kalkstein) herbeischaffen zu lassen. Auch hier stieß man auf Schwierigkeiten, die in den hohen Transportkosten und im Mangel an einheimischen Fachkräften lagen, die mit diesem Material umgehen konnten.

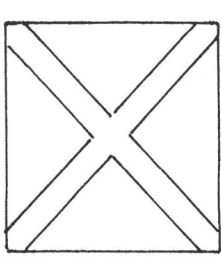

Der oberitalienische Raum, vor allem die Lombardei, hatte bereits der deutschen Romanik Anregungen vermittelt (z.B. beim Bau des Domes von Königslutter); jedenfalls darf man darauf verweisen, daß solche Kontakte zwischen Deutschland und Oberitalien auch in gotischer Zeit bestanden (Mantua, Südfassade des Domes; Brescia, Sta. Maria del Carmine u.a.), auch die einzelnen Detailformen – Fialen und Friese – lassen sich miteinander vergleichen. Die Übertragung des Backsteinmaterials und seiner Gesetze hat die Erscheinungsformen der norddeutschen Ziegelbauweise ermöglicht, wenn nicht sogar bedingt. Durch solche technischen Auflagen und Beschränkungen wurde der Bauprozeß in gewisse Bahnen gelenkt, die nicht wenig zur Gesetzmäßigkeit dieser Architektur beitrugen. Die Betonung der materialbedingten Formel verschaffte der Backsteinkunst ihre stilistische Einheitlichkeit.

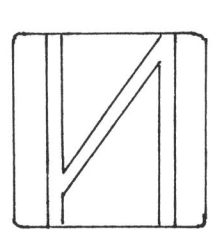

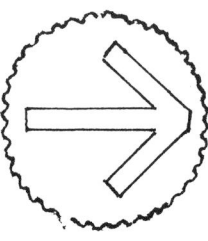

Der deutsche Backsteinbaumeister unternahm keinen Versuch einer „Vergewaltigung" des Materials – selbst in der späten Zeit, der Epoche Hinrich Brunsbergs, beachtete man die grundlegenden Gesetze materiellen Ausdrucks. Stets tritt die Gesetzlichkeit des farbigen Steins in den Vordergrund, und die leuchtende Sprache der Mauerfuge sorgte dafür, daß der Backsteinbau immer sozusagen ein „Individuum" blieb, dessen eigenwillige Sprache nicht zu überhören war. Daran hat selbst die oftmals reichhaltige Verwendung eigentlicher Schmuckelemente, wie der Glasur- und Formsteine, nichts ändern können. Bei diesen Bauten steht das Funktionelle im Vordergrund, nicht etwa das dekorative Element, wie es so häufig bei der europäischen Spätgotik, vor allem beim französischen Flamboyantstil, der Fall ist. Das Material zwang zu monumentaler Formulierung und ließ ein feuilletonistisches Abschweifen der Gedanken nicht zu. Es gab allenfalls Varianten, aber die Formel ließ sich stets erkennen.

Ein weiterer Faktor verlieh der Backsteinkunst ihre tragende Schönheit — die Farbe. Naturgemäß hat auch die Baukunst des Römischen Weltreiches den Vorzug dieses farbigen Elementes besessen, soweit man sich dieses Materials bedient hat. Aber eben dieses Material erzielte in der norddeutschen Ebene mit seinen Giebeln, Friesen und Wimpergen, mit den Lisenen und den prachtvollen Portalen eine andere Wirkung als etwa in dem riesenhaften Baumassiv des Colosseums, von dem man eher in seiner Gesamtform überwältigt als durch Einzelformen beeindruckt wird.

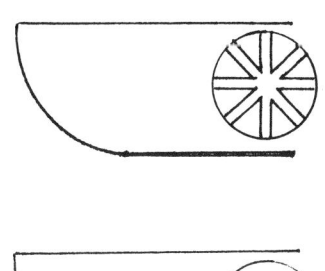

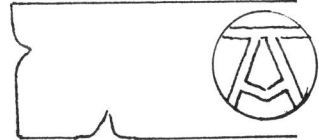

Zu den Grundlagen der Verbreitung der Backsteinbaukunst im nord- und nordosteuropäischen Raum zählt ebenso die Kolonisationstätigkeit deutscher Fürsten wie auch die Expansion des Deutschen Ordens und die Wirksamkeit der deutschen Hanse; darauf wird später noch zurückzukommen sein.

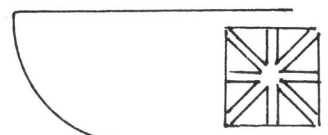

Man darf zusammenfassend sagen, daß die Backsteinbaukunst in der Epoche der Gotik ihren absoluten Höhepunkt erreicht und ein Maximum an künstlerischer Eigenständigkeit gezeigt hat. In der Gotik präsentierte sie gegenüber den Domen, Rathäusern und Stadttoren in der Hau- und Sandsteinbauweise das höchste Maß an Originalität. So wurde sie zu einer entscheidenden Phase der Baukunst des Kontinents. Ihr Formenvokabular wirkte in einem Maße überzeugend, daß sich die nachfolgende Renaissance vor allem beim Bürgerhaus (Beispiele in Lübeck und Lüneburg) des gotischen Staffelgiebels annahm, um solche Formbestandteile in eine andere Zeit hinüberzuretten — Formbestandteile, die noch immer ausreichend Lebenskraft in sich trugen, und die man benutzen konnte, um der Idealvorstellung eines feierlichen und repräsentativen Stils zu entsprechen.

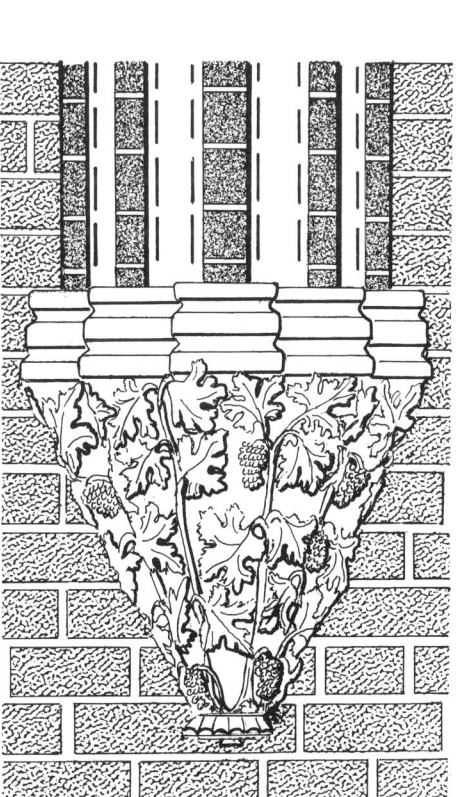

FIG. 5
Doberan, Klosterkirche: Blattkonsole

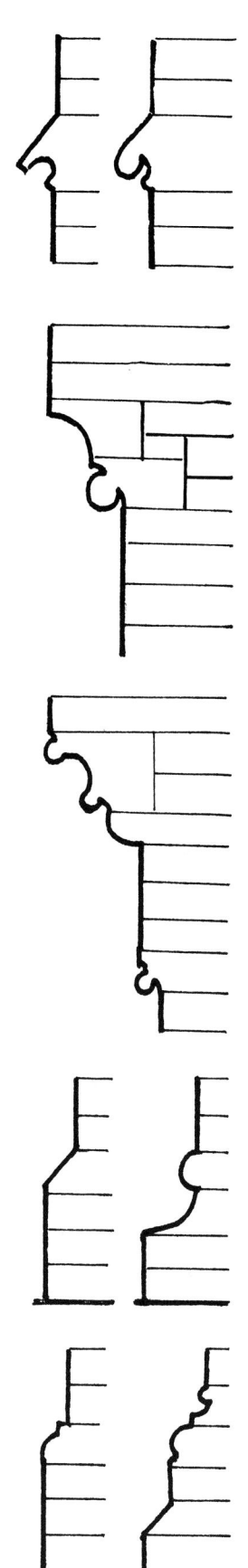

Als Norddeutschland und andere europäische Staaten des Nordens sich der Ziegelbautechnik bemächtigten, mußte es sich vor allem einmal darum handeln, die Technik des Ziegelbrennens zu gewinnen. Wir kennen die einzelnen Phasen der Übernahme des Verfahrens aus Italien nicht, aber man darf über die Perfektion, die Qualität und die exakte Ausführung der Backsteine überrascht sein, vor allem auch bei den Formsteinen, die u.a. für die Abschrägung der Fenster- und Portalöffnungen unentbehrlich waren. Man darf davon ausgehen, daß von Anbeginn an Öfen für solche Zwecke verwendet wurden. Schon bald lernte man die Methode des Ziegelstreichens, die aus dem venezianischen Gebiet kam, das seinerseits wieder auf Oberitalien, wohl auch auf Mantua, ausstrahlte. Man hat diese Technik in Nordeuropa beibehalten. Lombardischen Ursprungs dürfte auch die Gewohnheit sein, die Steinoberfläche vor Beginn des Brennprozesses aufzurauhen, wobei der Stein einen weichen und fast samthaften Glanz annahm.

Allerdings beschränkte sich diese Methode im wesentlichen auf die romanische Epoche. Bald gelang es den neugegründeten Ziegeleien, Variationen des einfarbigen Steins zu produzieren: man stellte farbige und vor allem glasierte Ziegel her, mit denen man der Backsteinfassade und den Schmuckformen eine interessante Auflockerung und Belebung verleihen konnte (z.B. an Brunsbergs Brandenburger St. Katharinenkirche, die in ihrer farbigen Wirkung ohne die Glasurziegel überhaupt nicht vorstellbar wäre). Die farbige Akzentuierung trat nun neben das technische Mittel der Anwendung von Formsteinen, und hier erwies sich der Backsteinbau der Hausteinarchitektur als überlegen. Diese Farbglasuren wiesen nicht nur einen einzigen Ton auf: sie beginnen mit brauner Farbe (schon in romanischer Zeit), und überziehen die Backsteine mit einer feinen Glasur, die das eigentliche Material noch verspüren läßt. In der weiteren Entwicklung gewinnt die „Palette" eine größere Spannweite: nun wechseln Ockergelb und ein tiefes Flaschengrün ab mit schwerem Braun bis zum Schwarz. Diese farbige Gestaltung wurde mittels Pinseln mit der Hand vorgenommen; dabei ließ sich eine weit ausdrucksvollere Variationskraft erzielen als bei jeder mechanischen Handhabung dieses Vorgangs. In gotischer Zeit tragen die Backsteine oftmals Ziegelstempel. Die Form solcher Stempel ist, wie bereits erörtert wurde, genau im Bereich der Lüneburger Bauten untersucht worden, und hier finden sich Beziehungen nach Tangermünde hinüber. Zunächst zeigen die Stempel wenig exakte und noch unbestimmte Formen; erst um 1400 trat hier ein Wandel ein. Nun erscheinen sie geometrisch genau geschnitten und wurden in den noch weichen Ziegel gedrückt (die Matritzen für den Stempel bestanden aus Holz oder Blei). Dieser Vorgang zeigt eine genaue Kontrolle der gefertigten Steine durch den Ziegelmeister an, der unvollkommene Exemplare aussonderte. Die von ihm anerkannten Steine stempelte er sodann und gab sie in den Brennprozeß. In späteren Zeiten nahm man es nicht mehr so genau und brannte auch weniger gelungene Steine, aber sie erhielten keinen Ziegelstempel. Solche Stempel darf man als Meisterzeichen werten — ein Brauch, der im ausgehenden Mittelalter auch bei anderen Berufen, etwa bei den Goldschmieden, üblich war.

Im reifen Mittelalter hat sich ein festes Maß für das Backsteinformat durchgesetzt: der Stein ist durchschnittlich 7–9 cm hoch, 13 cm tief und in der Länge zwischen 27–28 cm bemessen. Dieses Maß hat sich in Deutschland auch im 16. Jahrhundert erhalten; daneben existieren die Abmessungen des flämischen

Verbandes, dessen Steine 8,5 cm hoch und etwas tiefer sind (13,5 cm), während die Länge den in Deutschland üblichen Ziegeln entspricht.

Schon seit romanischer Zeit treten die Profilsteine auf, zunächst nur mit einem Profil (= Rundstab). Diese Profilsteine bleiben ununterbrochen in der Gotik bis um 1500 in Gebrauch, wobei man sie in der hohen Gotik kraftvoller als in der späteren Zeit herstellte (so bildet z.B. der Wulst in der früheren Zeit einen Dreiviertelkreis und später nur noch einen Halbkreis). In Lüneburg beobachtet man seit 1480 den Taustab, der sich jedoch nur kurze Zeit hielt; schließlich wurde er auch in anderen Städten verwendet, z.B. in Rostock, Wismar, Lübeck und Jüterbog. Bereits seit 1300 begegnen besondere Formsteine für Rosetten, Maßwerkfriese u.ä. Einen Höhepunkt für diese Entwicklung kann man für die Zeit um 1400 feststellen.

Von Anfang an zeigte sich eine Vorliebe für die intensive rote Farbe der Ziegel, und die rote Tönung kann gegenüber dem gelben Stein die großartigere Wirkung in Anspruch nehmen. Naturgemäß ergaben sich bei der handwerksmäßigen Herstellung der Backsteine Schwankungen in der Tönung, wobei eine hellere und eine dunklere Farbigkeit miteinander abwechselten, aber hierin liegt gerade ein künstlerisch bedeutsames Moment. Neben diesen roten Tönen kommen gelegentlich auch bräunliche und grünliche Färbungen vor. Ein wesentliches Mittel zur Belebung der Mauerfläche ist die Einschiebung kleiner Flächen von leuchtendem Kalkputz, wie man sie nicht nur an Kirchen (z.B. Tangermünde, St. Stephan) finden kann, sondern ebenso an Stadttoren und Rathäusern. Sicherlich haben die Maurer in jener Zeit zunächst aus Bequemlichkeitsgründen die Anwendung des Kalkputzes z.B. bei den abgeschrägten Fensterlaibungen bevorzugt, doch bald erkannte man den künstlerischen Reiz des farbigen Kontrastes und fügte solche Putzflächen auch in rechteckig geformte Mauerteile ein. „Diese tieffarbigen Ziegel gegen die geweißten Fugenschnitte, die Rohmauer gegen helle Putzflächen, die geschlossene Wand gegen leichte Durchbrüche, Blenden und Vorsprünge von geringerem Reliefgrad, zusammengestückte Zierformen aus fertigen Mustern — das sind die Mittel. Es gehörte so viel Verstand wie Phantasie dazu, den Reichtum hervorzubringen, den wir noch heute sehen." (Wilhelm Pinder)

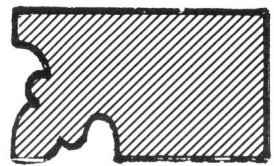

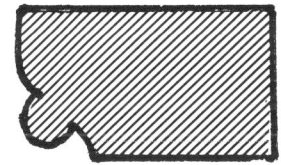

Naturgemäß waren noch weitere Details notwendig, um solche Wirkungen zu erzeugen, und auch hier ergab sich eine ganz bestimmte Regelhaftigkeit. So war beim Bürgerhaus der Zeit der Brauch festgelegt, die Mauerstärken des Erdgeschosses im allgemeinen 3 bis 3,5 Steine betragen zu lassen, während nur noch 2 bis 2,5 Steine im Obergeschoß und anderthalb Stein im Dach verwendet wurden. Auch hielt man den Rückgiebel des Bürgerhauses weniger massiv als den Vordergiebel, der zudem noch eine reiche plastische Dekoration zeigt. Die Pfeiler der Blendengiebel sprangen zu Beginn stärker hervor und wurden in späteren Zeiten dann flacher gestaltet. Die Staffeln der Giebel weisen zu Beginn der Entwicklung glatte seitliche und obere Ränder auf; erst im 15. Jahrhundert hat sich ein verstärkter oberer Rand ausgebildet, wobei auch Kantenprofile an den seitlichen Rändern auftreten. In Lüneburg kamen zu Beginn des 16. Jahrhunderts die bereits erwähnten Taustäbe hinzu. Der Anordnung von Zinnen begegnet man vor allem in Rostock (z.B. am Heiliggeist-Spitalpfarrhaus in der Kröpeliner Str. 82). Bei den Speichergeschossen trifft man bis 1500 zumeist eine gekoppelte Anordnung an, und erst im 16. Jahrhundert kennt man die einfache Anordnung dieser Lukenfenster. Zwischen 30 und 60 Zentimeter ist die Breite

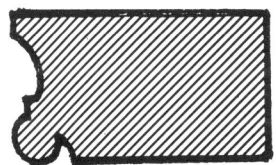

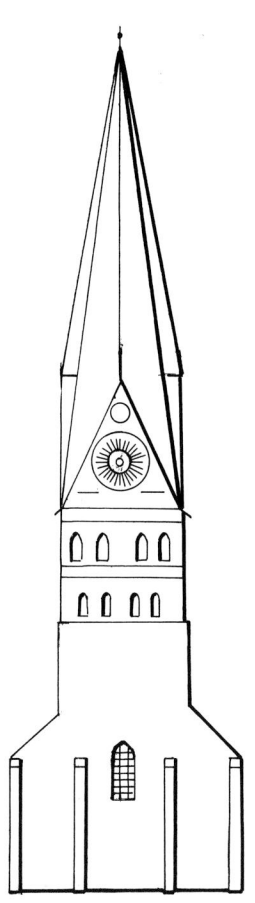  

FIG. 6 Turmformen der Backsteingotik: Lüneburg, St. Johannis/ Lübeck, Marienkirche/ Stralsund, St. Jakobi/

der einzelnen Luken bei paarweiser Anordnung; die einfachen Luken sind von einer Breite zwischen 60 und 80 Zentimetern. Bei der Gestaltung dieser Häuser wirkt ebenfalls ein farbiges Element mit: die Flächen der Blenden und Pfeiler sind häufig mit dünnem Schlammputz überzogen, den man dann in ornamentaler oder figuraler Weise bemalen konnte, und ähnlich wie bei der Freskomalerei hat man die Umrißzeichnung der Ornamente und Figuren in den noch feuchten Putz eingeritzt. Diese konturenhaften Lineamente haben sich selbst nach dem Verblassen der Malerei oftmals bis heute erhalten.

FIG. 3

Von äußerst dekorativer Wirkung ist das dichte Netz der Fugen, durch die eine Mauerfläche häufig genug einen hohen ästhetischen Reiz erfährt. Hierzu trug nicht wenig der gotische Mauerverband bei, der auf der Wechselwirkung von Läufer- und Binderansichten beruht, wobei noch die handwerklich bedingte Variation in der technischen Behandlung bei dem hohen Qualitätsniveau eine Rolle spielt. Auch bestimmte Schmuckformen (wie z.B. die ährenförmige Mauerweise an der Vorhalle des Ratzeburger Domes) haben wesentlich dazu beigetragen, den Reiz des Mauerwerks an sich zu erhöhen.

FIG. 4

Die Dekoration der Backsteinmauer wurde durch Friese bereichert. Diese Bogenfriese sitzen auf einem Kragstein auf, der aus einem hochkantgestellten Backstein von gewöhnlicher Beschaffenheit gebildet wird; im Hausteinbereich sind

Tangermünde, St. Stephan/ Wismar, St. Nikolaus/ Greifswald, St. Nikolai

solche Kragsteine zumeist voluminöser geformt worden. Der romanische Kreuzbogenfries (z.B. im normannischen Bereich sowohl in England als auch in Süd-
italien) eignet ebenso dem romanischen Backsteinbau. Neben den gemauerten
Friesen treten auch Friese aus geformten Terrakottaplatten auf; die frühesten
Beispiele gehen ebenso in romanische Zeiten zurück. Neben vegetabilischen
Ornamenten beobachtet man auch figürliche und heraldische Motive. Auch
hier steigert sich die zeitlich voranschreitende Entwicklung von zarter Behandlung zu Beginn der gotischen Auffassung zu kräftiger Ausprägung in späterer
Zeit.

In der Klosterkirche zu Chorin trifft man vorzügliche Beispiele des Dekorations-
sinns jener Epoche an, z.B. die Maßwerkfenster, Friese, Krabben und Rosetten-
formen der großartigen Fassade; in Doberan begegnet man solchen Elementen
mit der Schmuckhaftigkeit des ragenden Südgiebels des Querschiffs und den
ausgeprägten Blattkonsolen der Pfeilerdienste in Langhaus und Querschiff.   FIG. 5

Einen besonderen Ausdruck haben die Turmformen der Backsteinbaukunst gefunden. Zu den vorherrschenden Formen gehört die auch der rheinischen Romanik entsprechende Gestalt der vierseitigen Giebelbekrönung mit einem stei-   FIG. 6
len Achteckhelm. Diese Form hat ihren stärksten Ausdruck in den Türmen der
Lübecker Marienkirche und der Johanniskirche Am Sande in Lüneburg erreicht.   TAFEL 11
Es war offensichtlich nicht das Ideal des norddeutschen Backsteinbaumeisters,
die Türme schlank und ätherisch in die Höhe zu ziehen — sie haben sie sozusa-

23

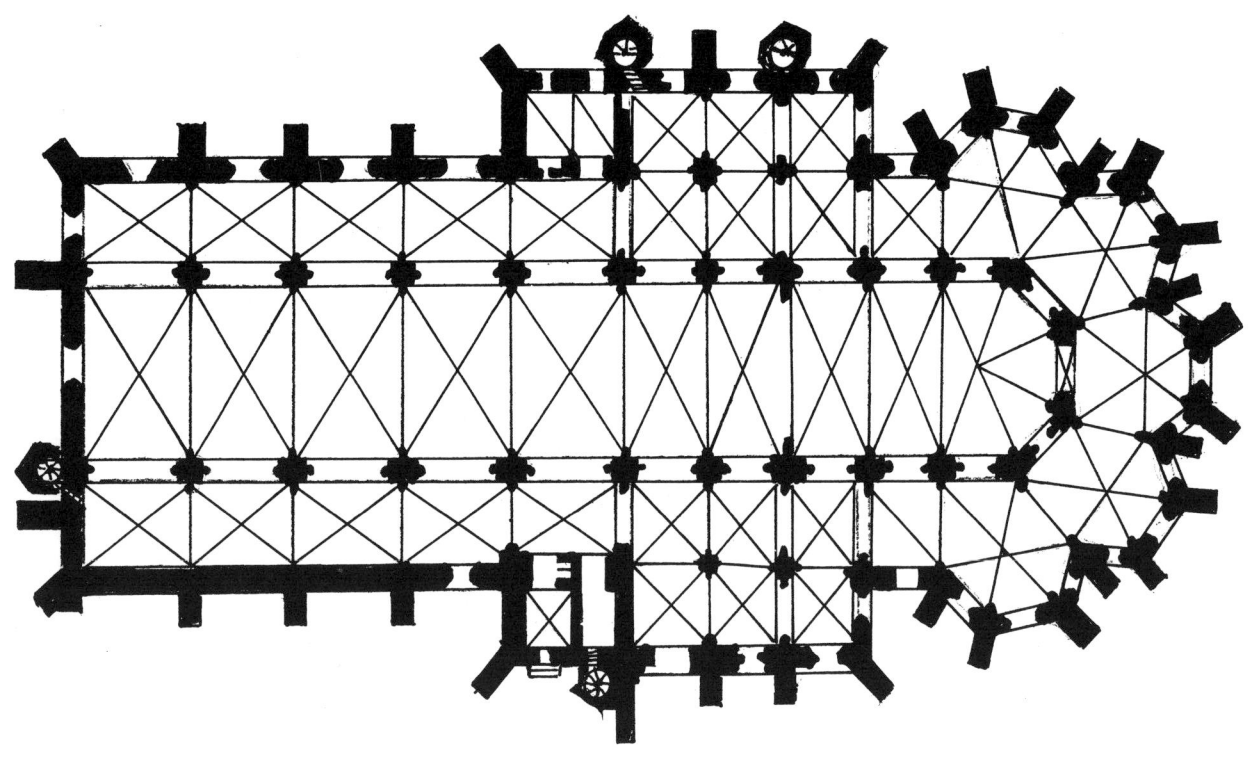

FIG. 7   Doberan, Klosterkirche: Grundriß

gen fest und massiv in der Erde verankert und ihnen damit den Ausdruck von kräftiger Gedrungenheit verliehen. „Erst in der letzten Zeit der Gotik wird das Motiv eines oberen Achteckgeschosses mit vier Ecktürmen über quadratischem Unterbau für einige Bauten größten Maßstabes verwendet." (Otto Stiehl)

Auch bei der Gestaltung der Bogenumrahmungen für Fenster und Portale läßt sich unschwer das Vorbild aus klassisch-römischer Zeit herausspüren. Eine Schicht schmaler Flachsteine läuft um die Arkaden herum und trägt gemeinsam mit der betonten Fugenausprägung dazu bei, diese Bogenumrahmungen aus dem „monotonen" Gefüge des übrigen Mauerwerks in dekorativer Weise herauszuheben und ihnen zugleich einen reizvollen Akzent zu geben.

Naturgemäß hat die Eigenart des Materials auch bei der Gestaltung von Gesimsen und Pfeilerkapitellen eine Rolle gespielt, wobei man beachten muß, daß der schwer zu behandelnde Baustoff einen weit weniger plastischen Ausdruck gestattet als Kalk- und Werkstein. Vielleicht hängt damit eine gewisse Sparsamkeit der Mittel zusammen, die sich jedoch keineswegs nachteilig für den Ziegelbau ausgewirkt hat. Solche monumentalen Lösungen ließen sich vor allem an den Portalen auf solche Weise erzielen, und schon in der frühen Gotik gelang es den Baumeistern, die rechteckigen Absätze der Portale mit einer flüssigen Linienführung der Profile zu verbinden.

Durch die Sprödigkeit des Materials erklärt sich auch der Umstand, daß die eigentliche Bauplastik in der Backsteingotik ein seltenes Thema bleibt. Schon in romanischer Zeit sind die Würfel- und Trapezkapitelle (Klosterkirche zu Jerichow) von außerordentlicher Knappheit in Form und Gestalt. In der deutschen

Backsteingotik hat das Funktionelle durch Übersichtlichkeit und Gliederung der Massen das dekorative Element ersetzen gesucht, und so „stellt sich die romanische Backsteinbaukunst als eine ausgeprägt feine, aristokratische Bauweise dar, der der Ausdruck der Kraft nicht etwa fremd war, die ihn aber immer durch Feinheit der Formen zu veredeln wußte zum Ausdruck ruhiger Würde." (Otto Stiehl) Vergleichbare Wirkungen wohnten auch der gotischen Backsteinkunst inne. In der zweiten Hälfte des 13. Jahrhunderts tritt Bauplastik an den Portalen der Pfarrkirche St. Maria Magdalena zu Eberswalde, am Apostelportal der Dorfkirche zu Steffenshagen (mit den herabhängenden Lilien in Gestalt von Formsteinen und den heraldischen Tieren der Formsteinfriese), und an der Alten Priesterpforte der Marienkirche zu Anklam auf. Die Figuren am Eberswalder Westportal gehören zu den interessantesten Beispielen der Art: Diese gebrannten Tonplastiken behandeln Szenen aus dem Alten und Neuen Testament und wirken vor allem durch ihre formale Einfachheit und naive Gesinnung. Diese Plastiken an den Portalkapitellen sind von verhältnismäßig kleinem Format, weisen jedoch gedrungene und wuchtige Figuren von ausdrucksvoller Gestik auf: eine Muttergottes mit ragender Krone und dem Christuskind auf dem Arm, ferner biblische Heilige, Engel mit ausladenden Flügeln und beschwörenden Gesten. Hier lebt eine Welt eindringlicher Gebärden und einer durchaus monumentalen Gesinnung im Ausdruck. Die Baumeister haben sich häufig besonders hinsichtlich der Schwierigkeiten bei der Herstellung solcher Bauplastik damit geholfen, Sandstein einzuführen und solche Portalskulpturen aus dem fremden Material anfertigen zu lassen, wie dies z.B. mit der Darstellung von Tierfabeln am Westportal des Domes zu Brandenburg geschehen ist.

TAFEL 9
TAFEL 8
FIG. 11

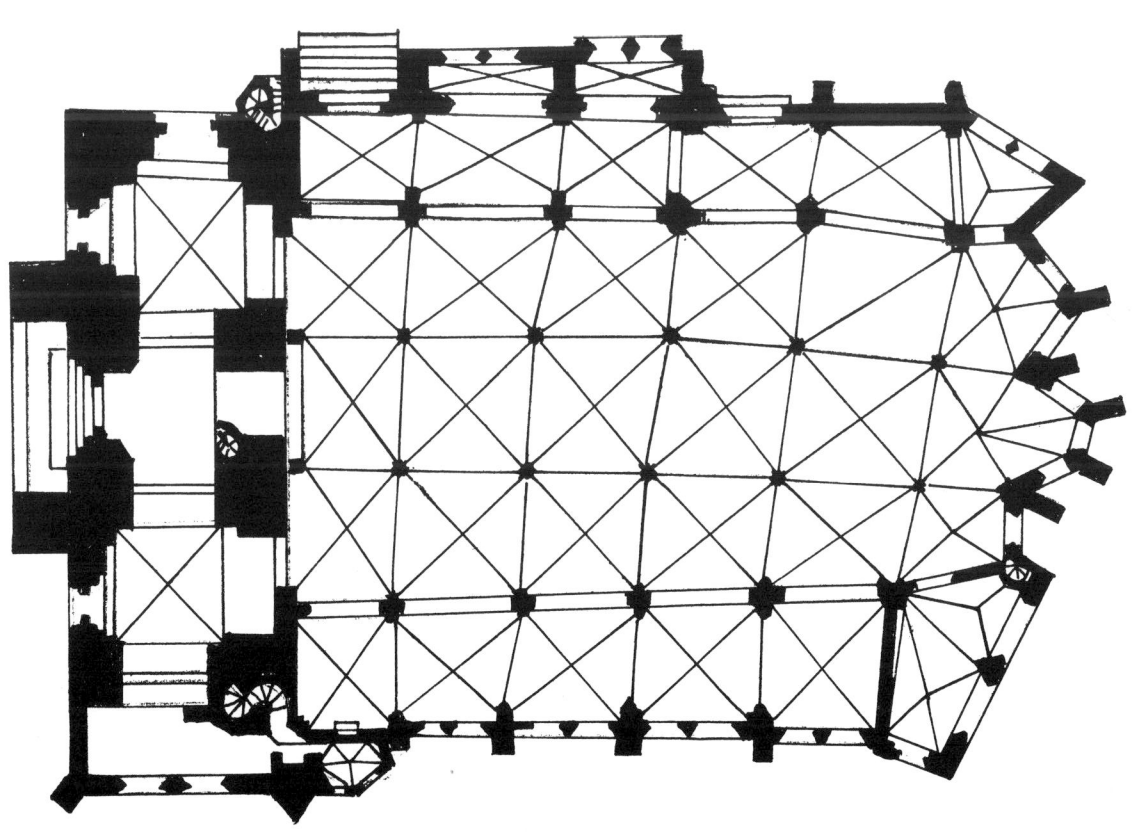

FIG. 8 Lübeck, Petrikirche: Grundriß

Die Differenzen zwischen den Sand- und Kalksteinkirchen sind gegenüber den Backsteindomen im Äußeren erheblich durchgreifender als im Innern. Von dem grundlegenden Unterschied zwischen Basilika und Hallenkirche wird weiter unten noch die Rede sein, und den Typ der Hallenkirche trifft man ohnehin auch außerhalb des eigentlichen Backsteingebietes an. Eine stärkere Übereinstimmung zwischen Backstein- und Hausteinbauten ist in der Gestalt der Pfeiler und Kapitelle zu beobachten: hier hat man besonders die Verwendung von Rund- oder Achteckpfeilern bevorzugt. Die bei den Kämpferformungen angewendeten Bildungen zeigen bei der Backsteingotik oftmals eine strengere und einheitlichere Konzeption. Anstelle der schwer zu behandelnden Terrakotta haben die mittelalterlichen Baumeister im Backsteingebiet für die schmuckreichen Details häufig den leichter zu formenden Stuck verwendet, und sie schreckten auch nicht davor zurück, Schmuckformen aus Werkstein dem Gesamtbild des Backsteinbaues einzufügen. Soweit die rote Farbe des Materials in unverfälschter Weise wirken konnte, hat das Backsteininterieur eine volltönende sympathische Färbung, z.B. in der Klosterkirche zu Jerichow, der Dorfkirche zu Steffenshagen oder der Marienkirche zu Pasewalk. Selbst noch in jenen Interieurs, bei denen die Wandflächen weiß gekalkt sind, z.B. in der Klosterkirche zu Lehnin, im Dome zu Stendal usw. setzt sich das Ziegelrot in den Pfeilern, Pfeilerdiensten und Gurtbögen noch so weit durch, daß es im farbigen Ensemble solcher Innenräume eine „grafische" Komponente bleibt. Andere Kirchen sind ganz weiß ausgetüncht und in überzeugender Weise ausgemalt und an der Gewölbefläche mit figuraler Vielgestaltigkeit bedeckt. Man trifft auch Dome an, deren Interieur gänzlich vom Ton des gelben Backsteins bestimmt ist, wie z.B. Bützow, obschon die Außenmauern noch den volltönenden Rotton des Ziegelsteins aufweisen. In der Lüneburger St. Michaelskirche hat man die gesamte Backsteinsubstanz mit solcher weißen Tünchung überzogen, die wesentlich dazu beiträgt, die Kirche ihres ursprünglichen Backsteincharakters zu berauben.

TAFEL 14
TAFEL 12

TAFEL 13

TAFEL 10

TAFEL 15

TAFEL 19

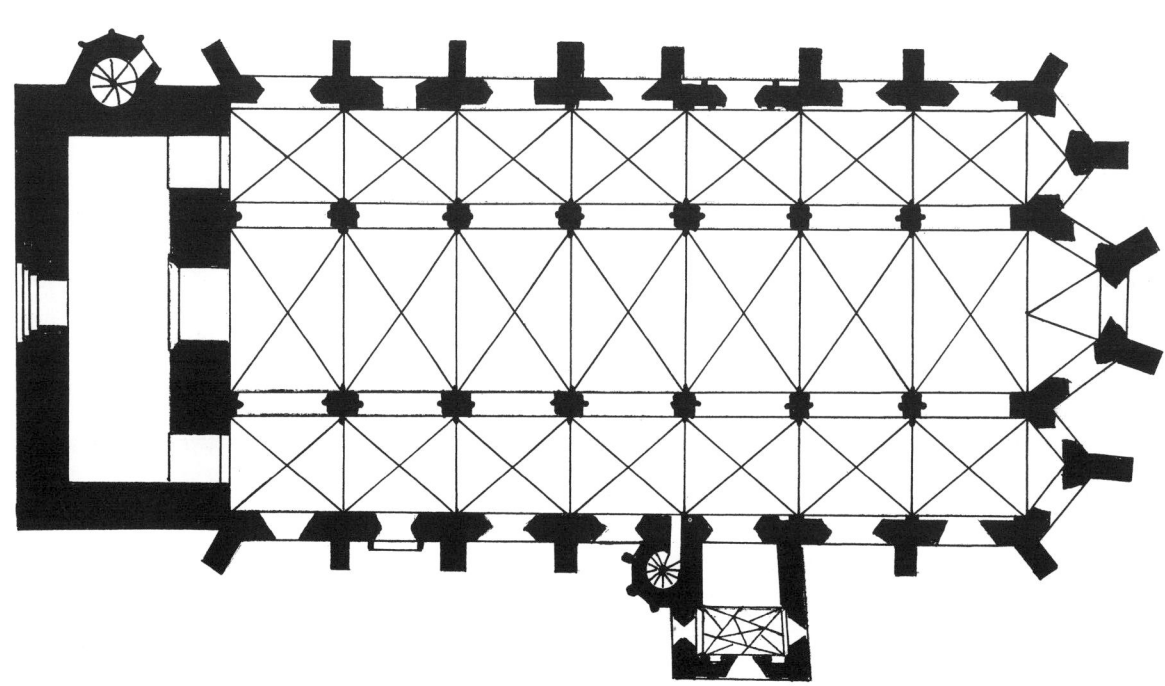

FIG. 9   Gransee, Pfarrkirche St. Marien: Grundriß

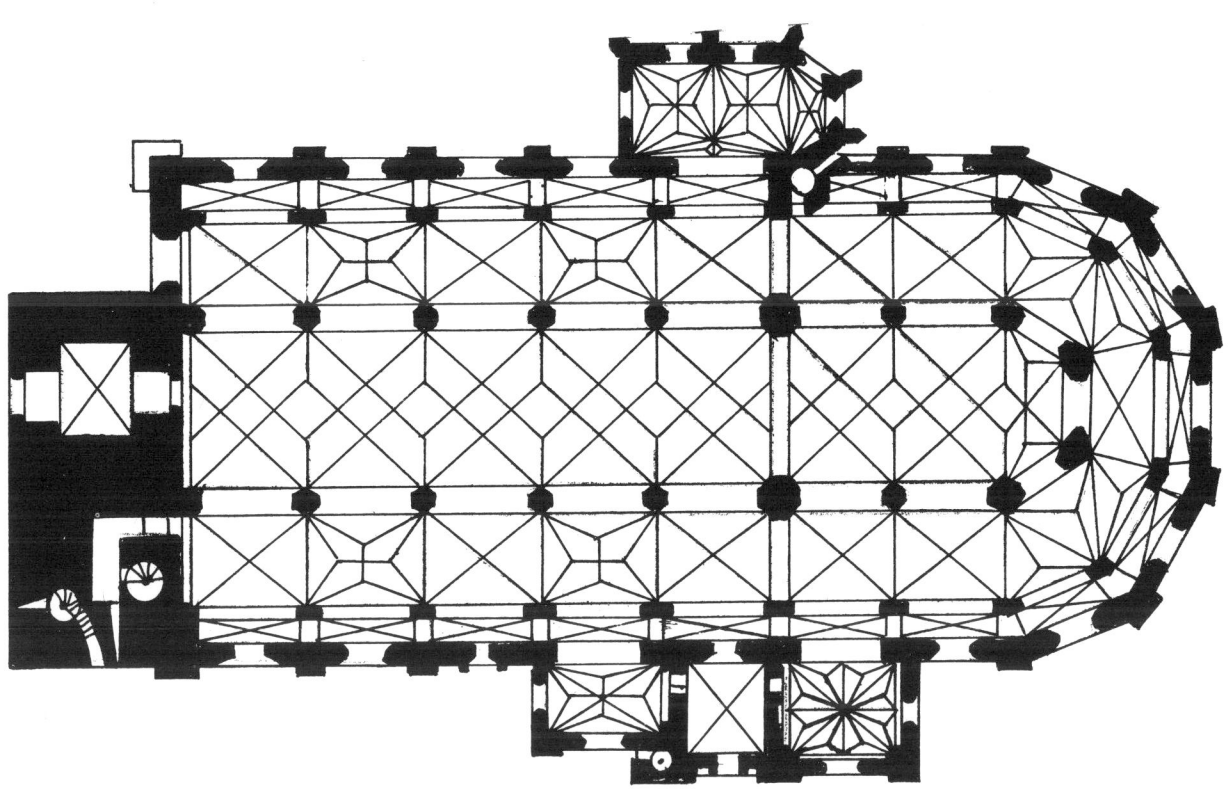

FIG. 10   Brandenburg, Katharinenkirche: Grundriß

Ein wesentlicher Unterschied zum Hausteinbau ergab sich durch die Gestaltung der Gewölbe. Beim gotischen Rippengewölbe und der Gliederung in einzelne Joche mußte man beim Gurt mit einem einzigen Stein der gewöhnlichen Größe auskommen, z.B. bei der Nikolaikirche in Lüneburg, so daß der sonst übliche Unterschied zwischen Gurtbogen und Rippen entfällt. Nun überspannt das Gewölbe den Raum, indem es auf die rhythmische Gliederung verzichten muß und das Gewölbe in einzelne Kappen zerlegt. Die Gesamtwirkung ist allerdings eher dekorativ und vielfältig. Die reichen Sterngewölbe der spätgotischen Entwicklung, wie sie sich in der Lüneburger Nikolaikirche zeigen, gehören zum ästhetisch Überzeugendsten auf diesem Gebiete. In eleganter Weise erhebt sich dieses System von feingliedrigen Gurten und Rippen aus den Pfeilerdiensten, läuft ins Gewölbe empor und gliedert es zugleich, wobei die Gefahr einer zu starken Dezentralisation des Ganzen durch eine Betonung des Zentrums eines jeden Joches ausgeschaltet wurde. Mit ihrem Spiele leichter Formen stellen diese Stern- und Netzgewölbe eine der Backsteingotik durchaus adäquate Bekrönung des Interieurs dar.

TAFEL 18

Die Rundbogenfriese wurden in der Gliederung der Wandfläche mit dem Ausgang der romanischen Epoche durch den reicheren Kleeblattbogen-Fries abgelöst, der seinerseits bald durch den Maßwerkfries ersetzt wird, der auf der Gestalt des Vierpasses basiert. All diese Formen haben im einzelnen in der spätgotischen Epoche eine ungeheure Bereicherung erfahren, vor allem erlebten sie eine effektvolle Steigerung durch den Brauch, sie auf eine Fläche von hellem Kalkputz zu setzen, der durch diese Schmuckformen hindurchleuchtet. Selbst zur Erzielung solcher komplizierten Wirkungen standen den Maurern keine raffi-

nierten technischen Möglichkeiten zur Verfügung – auch diese Formsteine stellte man mit Messer und Schneidedraht her. Diese Ziegeleiarbeiter verfügten über ein Formgefühl von hohem Range. Ihre technische Überlegenheit hatte sich vor allem bei der Gestaltung der Formsteine für die Ziergiebel und Schmuckgiebel zu beweisen, ferner für die Fialen, für das Maßwerk und die Wimperge, und auch hier verwendete man dunkel und farbig glasierte Backsteine, nicht nur für Sakralbauten wie z.B. die Brandenburger Katharinenkirche, sondern ebenso für die Profanarchitektur, wie z.B. das Rathaus zu Tangermünde. Oftmals haben die Meister der Spätgotik ihrem Humor in der Gestaltung grimassenhafter Köpfe und sonstiger Figuren freien Lauf gelassen.

In einem anderen Gebiete der deutschen Backsteingotik, in Niederbayern, waren andere Maßstäbe für die technischen Voraussetzungen gültig. Hier hat man selbst in Gegenden, in denen durchaus kein Mangel an Haustein bestand, den Ziegelbau bevorzugt. Für die Zeit der romanischen Architektur mag hier Heinrich der Löwe anregend gewirkt haben, der zugleich Landesherr in Sachsen und Bayern war. Die Backsteine, die in seiner Ära hergestellt wurden, erfreuen sich einer hohen Qualität, der an Güte auch noch der frühgotische Backstein zu vergleichen ist. Die Qualität läßt schließlich mit voranschreitender Entwicklung nach. Man brannte den Ton im Feldofen, und solche Öfen wurden an Stellen errichtet, die günstig zwischen Bauplatz und Lehm- oder Tongrube lagen. Offensichtlich haben Überlandtransporte nicht stattgefunden, um etwa auch entferntere Baustellen zu beliefern. Der Preis für die Ziegel betrug pro tausend Stück ein Pfund Pfennige (ohne Fuhrlohn). Doch waren Dachziegel entschieden teurer (tausend Stück mit Fuhrlohn zwanzig Gulden).

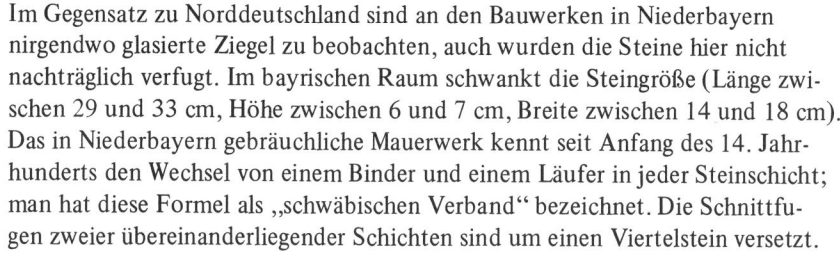

Im Gegensatz zu Norddeutschland sind an den Bauwerken in Niederbayern nirgendwo glasierte Ziegel zu beobachten, auch wurden die Steine hier nicht nachträglich verfugt. Im bayrischen Raum schwankt die Steingröße (Länge zwischen 29 und 33 cm, Höhe zwischen 6 und 7 cm, Breite zwischen 14 und 18 cm). Das in Niederbayern gebräuchliche Mauerwerk kennt seit Anfang des 14. Jahrhunderts den Wechsel von einem Binder und einem Läufer in jeder Steinschicht; man hat diese Formel als „schwäbischen Verband" bezeichnet. Die Schnittfugen zweier übereinanderliegender Schichten sind um einen Viertelstein versetzt.

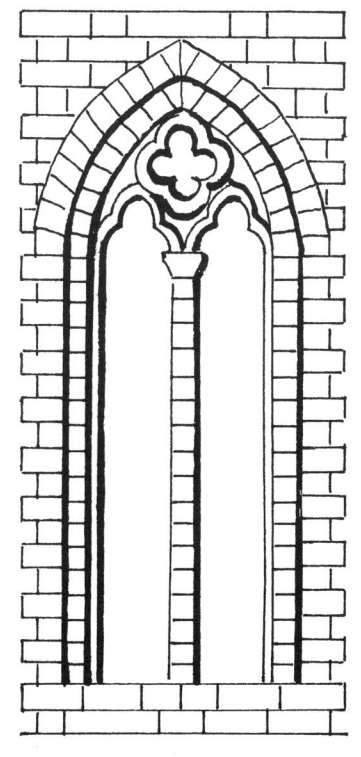

Es lohnt sich, noch einmal einen Blick auf die Erscheinung der mittelalterlichen Ziegelsteine zu werfen. Man hat zu jener Zeit nicht etwa gleichformige Steine immer mit demselben Zeichen versehen, wie dies bei modernen Bauten geschieht; man findet an den gotischen Bauten dieselbe Ziegelmarke an den verschiedensten Formsteinen (man hat sogar Beispiele nachgewiesen, bei denen an einem und demselben Formstein zwei unterschiedliche Ziegelmarken auftreten). Die frühesten Ziegelstempel gehen in die Mitte des 14. Jahrhunderts zurück, doch nehmen sie erst um 1400 eine vollendete und klare Form an.

Die Entstehung der Ziegelstempel an sich bleibt nach wie vor ungeklärt. Aus der Tradition der römischen Ziegelbauweise rühren sie keineswegs her: hier haben sich keinerlei Anhaltspunkte ergeben. Auch fehlen sie vollkommen an den lombardischen Ziegelbauten und an den romanischen Backsteinbauwerken in Deutschland. Für den Lüneburger Raum darf festgestellt werden, daß die frühesten Ziegelstempel an der 1376 begonnenen Kirche St. Michael und etwa gleichzeitig am Lüner Klosterhaus existieren.

Naturgemäß gab es solche Ziegelstempel auch außerhalb Lüneburgs, vor allem in der Altmark, allerdings erst aus späterer Zeit (1440–1480), wobei sich eine gewisse formale Abhängigkeit dieser Stempel von den Lüneburgern erkennen läßt. Diese Gewohnheit des Ziegelstempelns ist auf die Altmark beschränkt und hat sich nicht auf die Mark Brandenburg ausgebreitet. Weiteren Ziegelstempeln begegnet man in Schleswig-Holstein, aber sie sind entschieden jünger als jene aus Lüneburg. Als erste der märkischen Städte scheint Tangermünde die Ziegelstempel aus Lüneburg übernommen zu haben; als weitere Parallele zwischen den beiden Städten darf das etwa gleichzeitige Auftreten des Tausteins betrachtet werden, der in der spätgotischen Baukunst der letzten Jahrzehnte des 15. Jahrhunderts auftritt.

Die deutsche Backsteinbaukunst hat nicht mit dem Ausklingen der Gotik ein abruptes Ende gefunden. Der mittelalterliche Formwille hat sich in das 16. Jahrhundert hinübergerettet, und man bewahrte in jener Epoche der Nachblüte die einheitliche Konzeption von Mauerfläche und Gliederung. Im wesentlichen waren es Profanbauten in den küstennahen Städten (wie Rostock, Stralsund, Lüneburg, Lübeck, Wismar u.a.): hier hielten sich Tradition und Ehrfurcht vor der bewährten Form noch lange am Leben. Im 16. Jahrhundert gewann eine plastische Gestaltung des Giebels die Oberhand (man kann das vor allem an den Häuserfassaden und -giebeln des Lüneburger Platzes Am Sande studieren) – die Vertikale wird an solchen Bauteilen naturgemäß von der Herrschaft der Horizontalen abgelöst. Zur Ornamentierung der Bauwerke hat man nun in wesentlich stärkerem Maße als in der Gotik andere Materialien, vor allem den Werkstein, hinzugezogen. Der Staffelgiebel des Mittelalters weicht nun dem Stufengiebel des 16. Jahrhunderts, der mit den Geschoßhöhen übereinstimmt und die horizontale Schichtung auf solche Weise noch stärker betont.

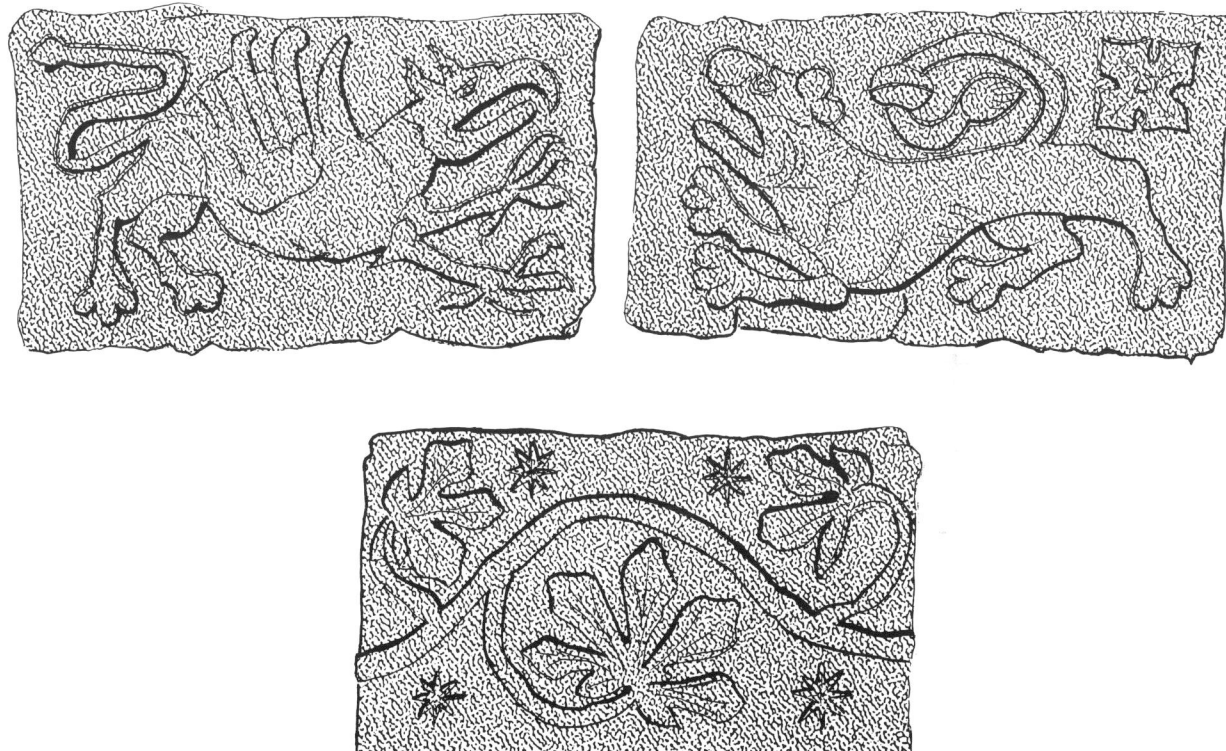

FIG. 11   Steffenshagen, Dorfkirche: Formsteine

FIG. 8

Der Kirchenbau: Halle und Basilika

Die Auseinandersetzung zwischen diesen beiden Kirchentypen hat vor allem im Backsteingebiet einen fast dramatischen Verlauf genommen. Die Frühgotik, die man bis zum Ausklang des 13. Jahrhunderts rechnen darf, hat zunächst einmal den Triumph der Hallenkirche erlebt. Die Hochgotik (bis zum Beginn des 14. Jahrhunderts) brachte dem Basilikaltyp ein unübersehbares Übergewicht, während der „strenge Stil" (bis etwa 1350) die Auseinandersetzung beider Kirchentypen miteinander beobachten läßt. Die eigentliche Spätgotik wiederum (bis 1500) bedeutete ein überwiegendes Bekenntnis zum Hallentyp. Naturgemäß ist eine solche Systematik verallgemeinernd und kann kaum mehr als eine Faustregel bieten; der Stilverlauf der Kunstgeschichte bleibt immer in hohem Maße lebendig und läßt sich nicht in ein starres Schema einbinden.

Der französische Kathedralbau basierte auf dem Typ der Basilika, wie er aus dem klassischen Rom (Konstantinsbasilika) überkommen ist. Diese Konzeption beruhte auf dem Prinzip des Richtungsbaues, den man durch die Portale der Westfassade betritt und in einem Zuge zum Allerheiligsten durchschreitet. Das in diesem Raumensemble führende Mittelschiff zeigt in seiner Wirkung die West-Ostrichtung – dieser Form ist z.B. schon die deutsche Dombaukunst der Romanik (in den Kaiserdomen am Rhein) nicht gefolgt und hat dagegen den Typ des Gruppenbaues ausgeprägt, in den man von der Nord- oder Südseite aus gelangt und sich im Innern des Domes zwei Schwerpunkten gegenübersieht, einer Ost- und einer Westgruppe. Daneben wurde in der deutschen Gotik, besonders von Westfalen her, der Typ der Hallenkirche entwickelt, dessen einzelne Schiffe sämtlich dieselbe Höhe aufweisen und die basilikale Gruppierung zwischen dem Mittelschiff und den Seitenschiffen aufheben. Die frühesten Kirchen der Art hatten sich seit dem zweiten Viertel des 13. Jahrhunderts in Westfalen durchgesetzt (Soest, Maria zur Höhe); die bedeutendsten Beispiele sind jedoch erst im 14. Jahrhundert nachweisbar (Soest, Wiesenkirche). Gegenüber der Basilika strebte die Hallenkirche eine Raumvereinheitlichung an und erhöhte vor allem die Breitenlagerung gegenüber der West-Ostrichtung, womit automatisch die beherrschende Funktion der Scheidwand gegenüber den Seitenschiffen zurücktrat. In demselben Zusammenhang büßten Querhaus und Vierung an Bedeutung ein: das Querschiff wurde oftmals aufgegeben, während der Chorraum in den Kirchenraum einbezogen wurde.

Die Raumvereinheitlichung führte dazu, den gesamten Kirchenkomplex unter ein einziges Dach zu stellen, und der Fortfall der gliedernden Jocheinteilung brachte eine erhöhte Bedeutung des Pfeilers mit sich, der seine „reihenartige" Funktion verlor und zum „säulenhaften Individuum" wurde. In der Wirkung der Pfeilerdienste gewann das dekorative Element an Boden gegenüber dem struktiv-funktionalen Faktor. Das Kreuzgewölbe machte dem ornamentalen Sterngewölbe Platz, wie allerorten in der europäischen Spätgotik (in England im „fan vaulting" und im Zierrippengewölbe) verselbständigte sich die Decke und trug ihrerseits weitgehend zur Aufhebung der Jocheinteilung bei. Innerhalb des norddeutschen Backsteinraumes drang der Hallengedanke zunächst in Lübeck ein. In den Jahren 1220 bis 1240 wurde hier die Petrikirche nach diesem Prinzip erbaut, während die Lübecker Marienkirche um 1250 als Hallenkirche konzipiert und im 13. Jahrhundert als Basilika fortgeführt wurde. Die fünfschiffige Lüneburger Johanniskirche ist als Hallenbau in der Zeit von 1300 bis 1370 errichtet worden. Bei der Lübecker Petrikirche tritt übrigens zum erstenmal eine Grundrißstrukturierung auf, die für viele Kirchen der Ostseegebiete vorbildlich geworden ist: der polygonale Abschluß aller fünf Schiffe im Ostteil (zwei Seitenschiffe sind erst in der Spätgotik angefügt worden). Der Chor der Petrikirche, der unmittelbar an das Langhaus anschließt, wird aus drei Polygonalräumen gebildet (vollendet 1305). Diese unmittelbare Anfügung des Chorraumes findet man in der Folgezeit u.a. an der St. Marienkirche in Prenzlau (zweites Viertel des 14. Jahrhunderts), der St. Marienkirche in Pasewalk (14. Jahrhundert) und der Nikolaikirche in Anklam (14. Jahrhundert). Hierbei handelt es sich um eine Verwandlung des Kathedralchors in einen Hallenumgangschor (siehe unten).

Der Typ der Hallenkirche beruht im wesentlichen auf der Auffassung des Bürgertums, das die Herrschaft von Fürstentum und Adel ablöste. Die zwanglose Aufeinanderfolge der Räume und die weite Helle sicherte der Hallenkirche den schließlichen Triumph über die Basilika, die dem Denken der mittelalterlichen Feudalhierarchie entsprochen hatte. Aus der Frühzeit der Backsteinhalle existieren in Norddeutschland kaum noch Beispiele, da man in der Folgezeit viele dieser Kirchen wieder in Basiliken zurückverwandelt hat — doch Grabungen haben den Beweis erbracht, daß es in ausreichender Anzahl Hallen nach westfälischem Vorbild gegeben hat. Die Entwicklung drängte jedenfalls unaufhaltsam auf eine Verbindung von Gemeinde- und Chorraum hin. Die Absicht der Baumeister des 14. Jahrhunderts war die chorlose Halle mit einem flächenhaften Ostabschluß und einer beherrschenden Giebelwand, wie es z.B. an der märkischen Pfarrkirche in Gransee (Neubau des Hallenchors 1370–1380) und annähernd an der Pfarrkirche zu Herzberg (begonnen nach der Mitte des 14. Jahrhunderts) zu beobachten ist. Man nahm nach der Verschmelzung von Langhaus und Chor wiederum den klassischen Typ des basilikalen Ostabschlusses mit Chorumgang und Kapellenkranz auf und bildete diesen Typ zum Hallenchor mit polygonalem Umgang um. Diese Form des Grundrisses bzw. Ostabschlusses blieb im 15. Jahrhundert für die großen Backsteinbauten der Bürgerstädte verbindlich. Das hervorragendste Beispiel ist Hinrich Brunsbergs Brandenburger Katharinenkirche (1387–1411). Zur Entwicklung des Hallenbaues darf noch angefügt werden, daß sich die ersten Hallen auf norddeutschem Boden von ihren westfälischen Vorbildern durch eine entschiedene Jocheinteilung abheben. Bei diesen frühen Beispielen (Lübeck, Petrikirche) haben die Joche quadratische Gestalt, und die Schiffe sind annähernd von gleicher Breitenausdehnung. Die drei Schiffe erscheinen als absolut gleichwertig und sind von der Führungsposition des basilikalen Mittelschiffs weit entfernt. Die Baugestalt dieser Kirchen ist von wuchtiger Geschlossenheit. Neben der Langhalle bildete sich die Kurzhalle, deren Grundriß nicht selten quadratisch ist und nur aus wenigen Jochen besteht. Eine typische Langhalle weist (wie z.B. die Marienkirche zu Neubrandenburg) eine Folge von je acht Stützpfeilern im Norden und Süden auf. Bei der norddeutschen Einheitshalle führen die drei Schiffe auf die Ostwand zu, die in gerader Linie geschlossen ist, so daß sie chorlos wirkt. Das fast profane Aussehen solcher Kirchen kann nicht darüber hinwegtäuschen, daß im Ostteil ein Hochaltar steht; nur entfällt die bei der Basilika so nachdrücklich Trennung zwischen Priester- und Laienhaus, und das gesamte Bauwerk war nicht einzig und allein auf den Altar orientiert. Nebenbei trat auch der Typ der Hallenkirche mit Querschiff auf.

TAFEL 20
FIG. 9

FIG. 10

FIG. 7

Als einen Ausdruck des andauernden Schwankens zwischen den beiden Typen (Basilika und Halle) kann man den ständigen Wechsel betrachten, dem die Lübecker Marienkirche unterworfen war (ab 1200 Basilika, um 1260 Hallenkirche, und um 1270 entstand der lange dreischiffige Kathedralchor mit Umgang und Kapellenkranz, während die Halle am Anfang des 14. Jahrhunderts zugunsten des neuen Langhauses niedergelegt wurde). Andere bedeutende Kirchen nahmen eine vergleichbare Entwicklung, z.B. St. Nikolai in Stralsund. Die Klosterkirche zu Doberan (begonnen 1294–1299) und der Dom zu Schwerin (begonnen 1280) waren von vornherein als Kathedralen mit Chorumgang und Kapellenkranz angelegt, während die gleichzeitige Greifswalder St. Marienkirche und die spätere St. Jakobikirche zu Stralsund (erste Hälfte des 14. Jahrhunderts) als dreischiffige ragende Hallenkirchen errichtet wurden. Es mag wohl sein, daß soziale Unterschiede hinsichtlich der Bauherren und der Trägerschaft für diese Kirchen ausschlaggebend gewesen sind, daß das Stralsunder Patriziat die Kirche St. Nikolai als Kathedrale zu sehen wünschte und ihr die Gestalt einer Basilika gab, während die Handwerker, Seeleute und die ärmeren Bevölkerungsschichten, die die Kirche St. Jakobi erbauen ließen, auf die volkstümlichere Hallenform Wert legten.

Auch im norddeutschen Backsteingebiet weisen die Basiliken – Doberan, Schwerin, Wismar – Querschiffe auf. Eine recht wesentliche Differenz gegenüber der französischen Gotik und ihrer Erscheinungsform in Flandern ist die Reduzierung der klassischen Dreigeschossigkeit (Arkaden, Triforium, Obergaden) auf zwei Geschosse im norddeutschen Backsteingebiet. Hier handelt es sich nicht einfach um eine Übernahme französischer Prinzipien (so überragend dieses Vorbild für die übrigen europäischen Länder immer gewesen sein mag), sondern um eine Auseinandersetzung mit dieser Auffassung. Das Ergebnis lief auf eine eigenständige Variante der westlichen Ideen hinaus. Jedenfalls darf man die Doberaner Klosterkirche (1368 geweiht) mit ihrem Basilikalaufriß, dem dreischiffigen Querhaus, dem beherrschenden Chor mit Umgang und fünffachem Kapellenkranz als das Idealbild der Kathedrale bezeichnen. Die Zisterzienser verliehen dieser Kirche ihre Vergeistigung und die strenge Form; die einfache Konzeption dieser Ordensbaumeister kam dem Ausdruck des Backsteinmaterials durchaus entgegen. Das Fehlen von Westtürmen entspricht der klaren und wuchtigen Auffassung der Ordensbaumeister, und so gewinnen die beiden Giebel alle Kraft und Energie, die die Außenansicht der Klosterkirche auszeichnen. Zu dieser Wirkung trägt noch ein dekoratives Element in erheblichem Umfange bei: der zweifache Kleeblattbogenfries aus schwarzglasierten Ziegeln, der sich in rhythmischer Folge einmal um Chor und Querhaus und zum andern um die Kapellen des Chorumganges herumlegt.

An dieser Stelle sei noch einmal hinsichtlich des spätgotischen Ostabschlusses der Hallenkirchen auf eine spezifisch für die Backsteinbaukunst gültige Besonderheit hingewiesen: bei der Entwicklung der Halle hatte man den Typ der geradlinig geschlossenen Ostwand formuliert. Nun galt es, zu einer Bauform zu gelangen, die sozusagen eine Synthese und keine Trennung von Langhaushalle und Chor ermöglichte. Das erste Ergebnis dieser Bestrebungen mag man im dreiapsidialen Abschluß des Laienhauses erblicken, wobei sowohl das Mittelschiff als auch die Seitenschiffe in einen polygonalen Raum auslaufen. Die drei Apsiden befinden sich auf derselben Höhe, womit eine Verselbständigung des östlichen Kirchenteils vermieden wird. Dabei entsteht naturgemäß kein eigentlicher Chor, sondern eine chorähnliche Bekrönung des Laienhauses.

Als man im norddeutschen Backsteinraum damit begann, den Typ der Halle
zu entwickeln, fand der Bauherr die Aufgabe vor, sich mit der Vorstellung der
Kathedrale auseinanderzusetzen, wie sie aus Frankreich überkam; die spätgotischen Architekten beherrschten diese Gesetzmäßigkeiten, die ihre Handlungs-
freiheit eigentlich belasteten und sie zur Überwindung dieser Prinzipien zwan-
gen. Die neue Lösung bestand schließlich in der dreiapsidial bekrönten Hallenkirche (z.B. Prenzlauer Marienkirche, zweites Viertel des 14. Jahrhunderts).
Man schloß die Chornischen mit vielteiligen Gewölben und erlangte damit eine
gewisse formale Geschlossenheit. Die Rückerinnerung an den französischen
Chorumgang mit Kapellenkranz brachte im spätgotischen Backsteingebiet die
Bildung des Hallenumgangschors mit sich (z.B. Pasewalk, St. Marien, 14. Jahrhundert): Die räumliche Aufreihung der drei Chornischen führte wieder zur
Synthese im Räumlichen. Der Ostteil der Pasewalker Marienkirche stellt den
Versuch einer Vereinigung des französischen Vorbildes mit dem eigenständi-
gen norddeutschen Vokabular dar, wobei es sich darum handeln mußte, einer
erneuten festen Verknüpfung mit dem Vorbild der westlichen Kathedrale aus
dem Wege zu gehen; diesem Zwecke diente auch die Hervorhebung der Schei-
telkapelle. Es galt, die einzelnen Chornischen fest mit dem Gefüge der Halle zu
verbinden. Es ging dabei nicht um eine Wiederholung der basilikalen Betonung
des Chorhauptes; das Bestreben war auf eine Raumvereinheitlichung gerichtet,
wie sie der Halle von vornherein eignete. Der Binnenchor wurde seiner basilikalen Funktion entkleidet, mit der er den Hochaltar hervorhob. Die alten Ho-
heitsprinzipien der Basilika — Ausrichtung auf das Allerheiligste und der zwin-
gende Aufwärtsdrang — wurden damit ausgeschaltet. Die Kirche wird mensch-
lichen Maßstäben angepaßt. Hinrich Brunsberg, die überragende Gestalt der
spätgotischen deutschen Backsteinbaukunst, hat die dreischiffige Halle in der
Brandenburger Katharinenkirche mit einem Chor beendigt, der innen dreiteilig
gehalten ist, während der Hallenumgang fünfseitig abgeschlossen ist. Diese Chor-
kapellen zeigen eigene vielteilig gestaltete Gewölbe und verketten sie eng mit
der Raumsubstanz der Halle.

FIG. 12

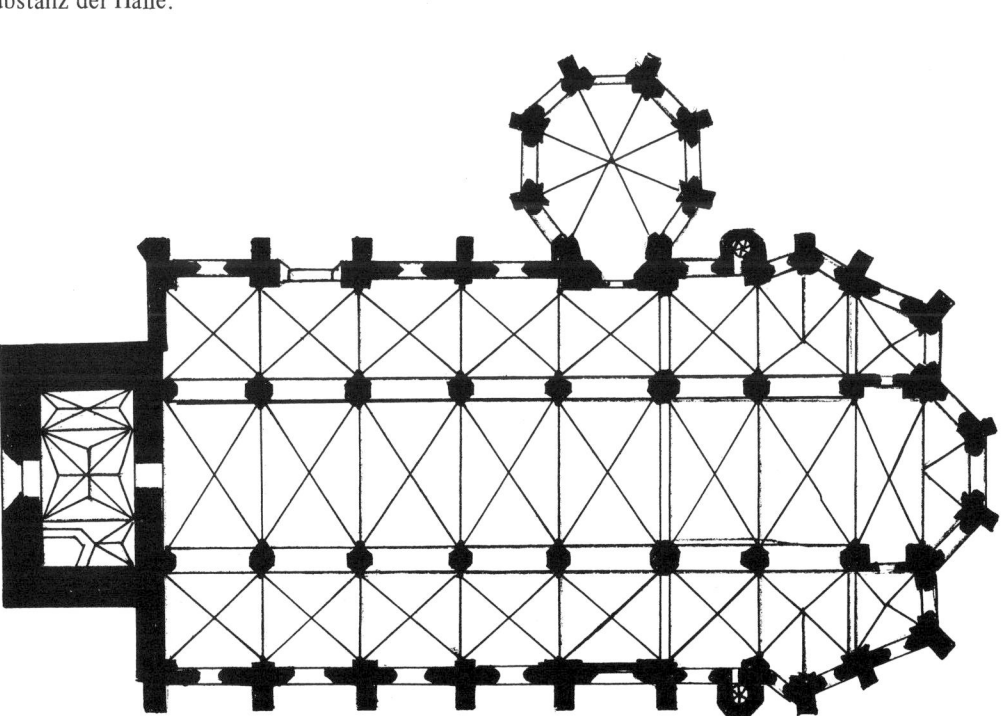

FIG. 12   Pasewalk, Marienkirche: Grundriß

Typische Elemente der Backsteinarchitektur

Die Backsteinbaukunst stand am Anbeginn noch unter dem Einfluß des Hausteinbaues, doch errang sie bereits am Anfang der Gotik schrittweise einen Grad von Eigenständigkeit, der ihr volle Gültigkeit neben den übrigen europäischen Stilen jener Epoche sicherte.

So hat sich der französische Typus der W e s t f a s s a d e mit den ausladenden Portalen und dem reichen Figurenschmuck niemals in Norddeutschland durchsetzen können (im Gegensatz zu Sachsen und Thüringen); die Westfassade der Klosterkirche zu Chorin mag hier als eine überzeugende Lösung gewertet werden; sie öffnet sich nicht dem Besucher, sondern präsentiert sich eher als eine gewaltige Schauwand, die sich dem Gläubigen eher verschließt als ihn einlädt, das Innere zu betreten. Die Fassadengestaltung wird in späterer Zeit sowohl an sakralen Beispielen (Lübeck, Katharinenkirche, um 1350) als auch an Profanbauten (Tangermünde, Rathaus, um 1430) durch wirkungsvolle Verwendung von farbigen Glasursteinen bereichert. Über die großartigen G i e - b e l in Prenzlau, Neubrandenburg und Gransee (ebenso am Rathaus zu Frankfurt/Oder) ist bereits oben gesprochen worden. In diesem Zusammenhange bleibt es eines der Geheimnisse der Backsteingotik, in welchem Maße die Baumeister dieses Bereiches wuchtige Kraft und leichte Eleganz miteinander zu vereinigen wußten.

Auch in den I n n e n r ä u m e n wirkt sich die materielle Substanz des Backsteins aus, jedenfalls dort, wo man sie nicht völlig mit weißer Farbe übertüncht hat. In solchen Kirchen beherrschen die roten Farben des Materials die Wirkung des Innenraums in souveräner Weise; zu den bedeutendsten Beispielen gehören die Klosterkirche zu Doberan und die Wismarer St. Nikolai-Kirche; vor ihrer Zerstörung gehörten auch die Kirchen St. Marien und St. Georg in Wismar dazu. Das Innere der Backsteindome wird von runden und bündelartigen Pfeilern bestimmt; die Pfeilerdienste sind zumeist schlank und spärlich, und sie betonen die aufwärtsgerichtete Vertikale keineswegs so stark wie in den Kathedralen des Hausteinbereichs.

FIG. 17

TAFEL 28

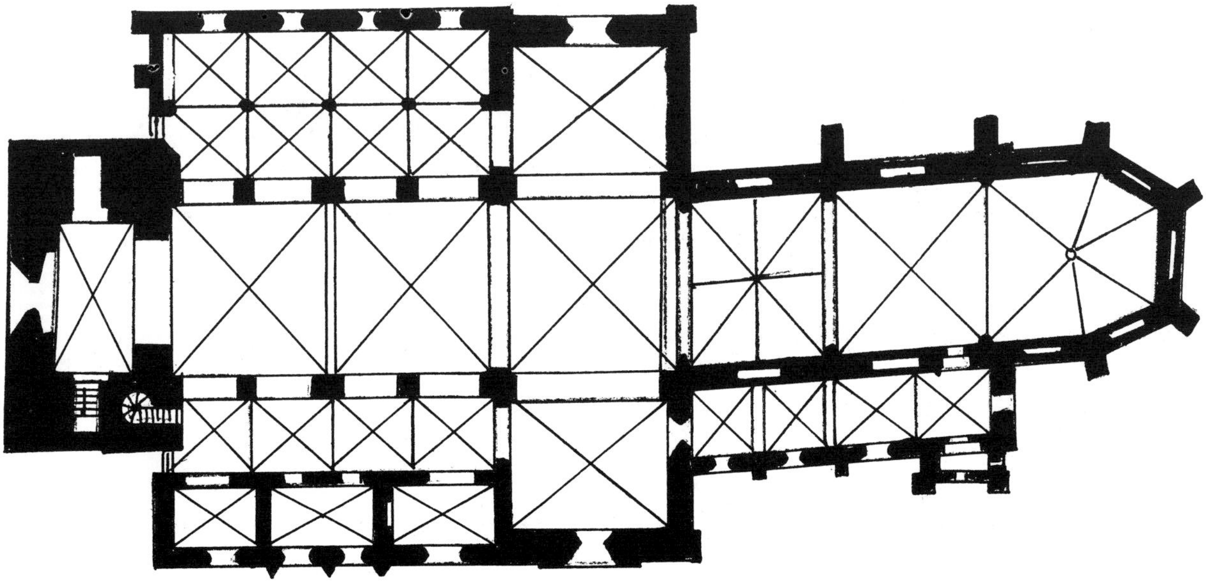

FIG. 13   Güstrow, Dom: Grundriß

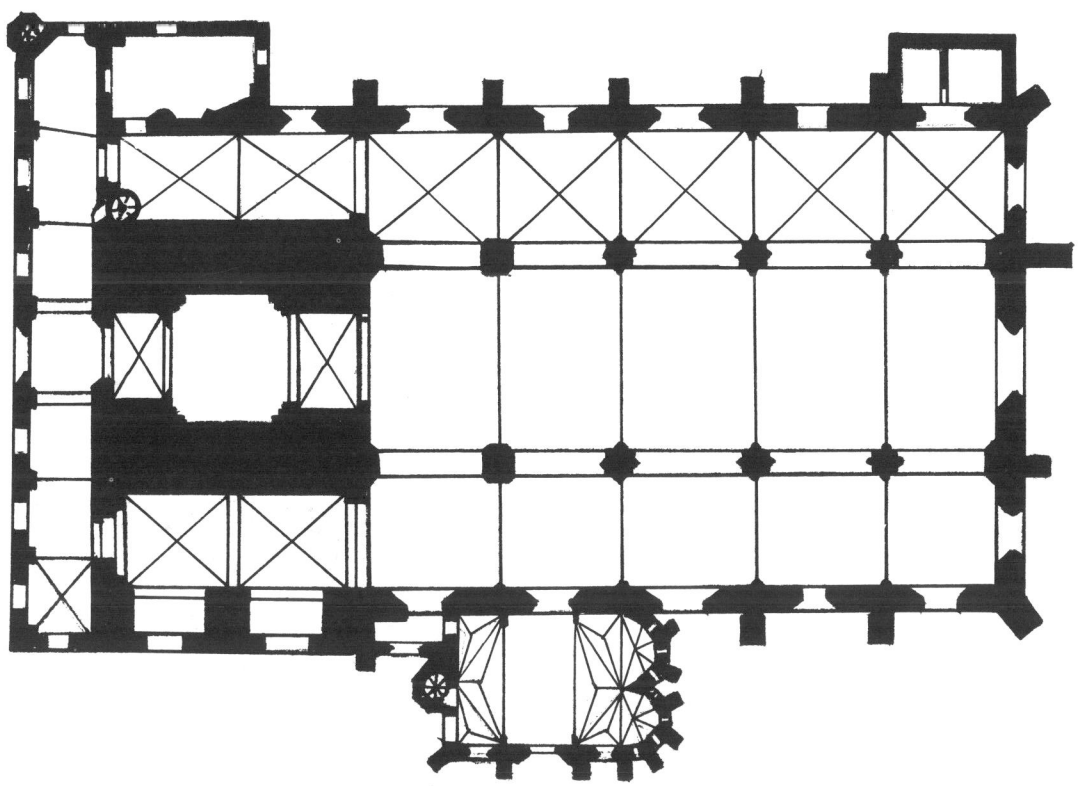

FIG. 14   Greifswald, Marienkirche: Grundriß

Stärker als der Pfeiler im Innenraum macht sich der T u r m in vertikaler Hin-
sicht geltend. Man findet die überzeugendsten Schöpfungen der Art in Lübeck
(St. Marien); ebenso entsprechen die Einturmfassaden, die fast mit der Substanz des Kirchenvolumens verschmelzen, den Gesetzen der Backsteingotik. Die
bedeutendsten Beispiele sind die St. Johanniskirche in Lüneburg, St. Petri in
Rostock, St. Nikolai in Wismar, St. Marien zu Neubrandenburg, St. Marien und
St. Jakob in Stralsund, St. Marien in Anklam und St. Nikolai in Greifswald.
Auch im norddeutschen Raum bestand daneben der Hang zur Zweiturmfassade
nach dem Vorbild der französischen Kathedrale fort: So wurde z.B. die Stralsunder St. Nikolaikirche in eine Zweiturmfassade zurückverwandelt, nachdem
zunächst ein Einturm geplant worden war. Diese neue Konzeption erklärt sich
aus dem Einfluß seitens der Lübecker Marienkirche. Vier Stockwerke türmen
sich zu den gewaltigen Stralsunder Türmen empor, und ihre Oberfläche wird
durch Spitzbogenrelief und Ornamentik belebt. Diese Türme repräsentieren
einmal mehr die Grundformel der Backsteingotik: massige Schwere mit einer
behenden Vertikalbewegung zu verbinden. Merkwürdig und zwiespältig bleibt
bei alledem die Turmlösung der Rostocker Marienkirche. Zunächst war die
Westfassade mit einem Turm projektiert worden, dann kam jedoch nach dem
Vorbild der Lübecker Marienkirche und St. Nikolai zu Stralsund das französische Ideal der Zweiturmfassade wieder zu voller Geltung. Das Rostocker Resultat ist nun eine Synthese aus beiden Ideen, eine dreitürmige Westfassade: zwei
Seitengeschosse flankieren den von Anbeginn geplanten Einturm, und das Ergebnis ist eine Lösung von fast dramatischer Wucht. Die Backsteinkirchen werden in der Regel von einem schwer lastenden D a c h beherrscht, das nicht zu-
letzt dazu beiträgt, die formale Geschlossenheit des Bauvolumens zu betonen.

TAFEL 21

TAFEL 22

Hauptbeispiele des Kirchenbaues

TAFEL 7

TAFEL 23

Der Backsteinbau hebt in der Mark Brandenburg mit einer großartigen Leistung in frühgotischer Zeit an: mit der Klosterkirche zu Chorin (1273–1334), einem Bau des Zisterzienserordens, der dem Brauch der Turmlosigkeit folgte. Die hervorragende Westwand weist eine strenge Dreiteilung auf. Diese Fassade tritt dem Betrachter wie ein gewaltiger Altarschrein mit kraftvollen Risaliten im Mittelteil und einem untrüglichen Gefühl für symmetrische Gestaltung gegenüber – hier waltet ein großartiges Gefühl für Proportion und formale Verknüpfung der Einzelteile mit dem Ganzen. „So steht und ruht der delikate Bau mit einer unbeschreiblichen Stille – in wunderschöner Harmonie, selbst mit den schlanken, dunkelschwarzen Nadelhölzern. Es herrscht eine feine Wärme, eine Vornehmheit, die den Schein des Trockenen nicht scheut." (Wilhelm Pinder) Die Mark Brandenburg hat dem deutschen Backsteinbau entscheidende Anregungen vermittelt. Und das Vokabular der Backsteingotik wurde durch die Choriner Westfassade wesentlich bereichert: mit den Kanten- und Kreuzblumen der feingegliederten Wimperge, mit der Dreipaßrosettenform des Mittelteils, mit den reichen Blendengliederungen der Giebel, mit dem grandiosen Langhaus, dessen südliches Seitenschiff erst im 17. Jahrhundert abgetragen wurde, mit den Kreuzgängen und dem eindrucksvollen Klosterhof mit der Ansicht des südlichen Querschiffs, mit dem scharfgratigen frühgotischen Portal des Kreuzganges. Der Aufbau dieser Backsteinbasilika (um 1273 begonnen) wirkt klar, schlicht und monumental; sie wurde nach dem Prinzip der noch in einigen Teilen romanischen Klosterkirche zu Lehnin gestaltet (gestiftet 1180, geweiht 1270 als frühgotischer Backsteinbau). Die Zisterzienser legten den Chor der Choriner Klosterkirche einschiffig an und schlossen ihn polygonal. Hiermit wiesen sie den Weg in die weitere Entwicklung, die über die Frühgotik hinausging.

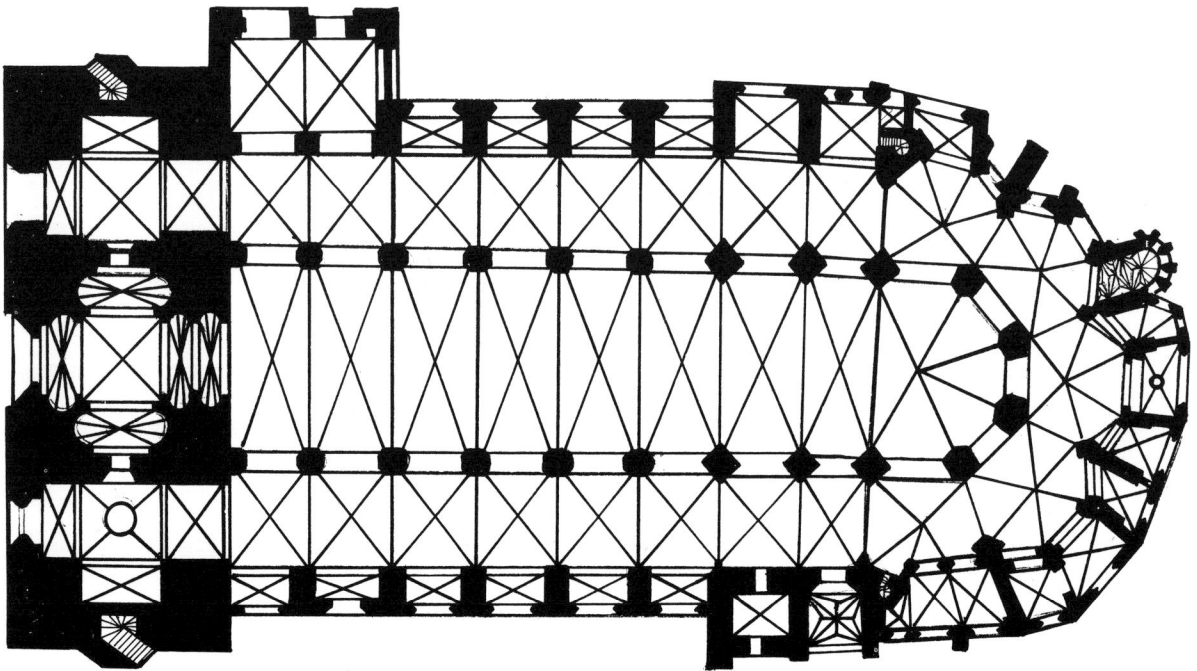

FIG. 15   Stralsund, St. Nikolai: Grundriß

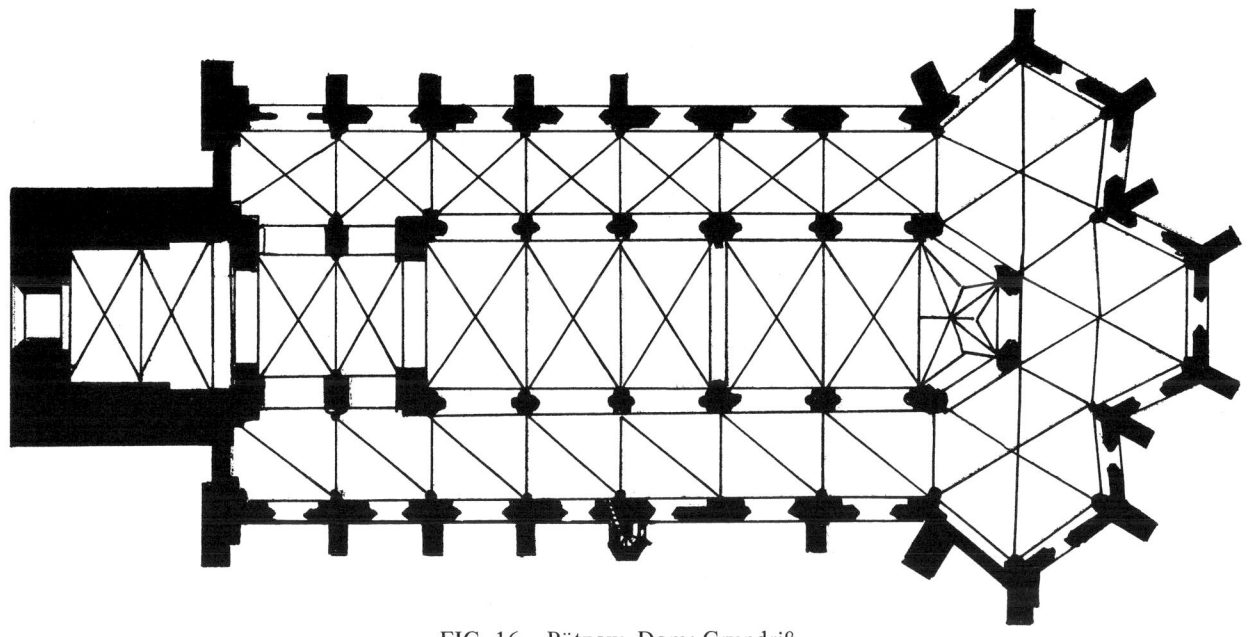

FIG. 16   Bützow, Dom: Grundriß

Zu den frühesten norddeutschen Backsteindomen zählt Güstrow (begonnen   TAFEL 24
nach 1226); Chor und Querschiff sind der Mitte des 13. Jahrhunderts zuzu-   TAFEL 25
rechnen, das Langhaus dem frühen 14. Jahrhundert. Noch dominierte in jenen
Zeiten die dreischiffige kreuzförmige Basilika des gebundenen Systems, und
auch die romanische Gepflogenheit des Stützenwechsels hat sich ebenfalls in
die neue Epoche hinübergerettet. Das Langhaus ist kurz und gedrungen und
umfaßt nur zwei Joche; Chor und Querschiff sind deutlich vom Langhaus ab-
gehoben und betonen im Gegensatz zur spätgotischen Entwicklung noch die
Trennung von Laien und Priesterschaft. Die Vierung des Güstrower Doms   FIG. 13
bleibt die eigentliche zentrierende Raumfläche. Der Güstrower Dom ist ein
Beispiel für den Übergangsstil und für die Versuche der Architekten, die ersten
Schritte in das Neuland der Gotik hinein zu tun. Ebenso stellt die Zisterzienserkirche zu Eldena bei Greifswald, deren Ostteile aus der ersten Hälfte des   TAFEL 27
13. Jahrhunderts stammen, während die Westteile dem Ende des 14. Jahrhunderts angehören, das Bemühen dar, die gotische Form zu durchdringen. Der
Chor, der bereits 1249 benutzt wurde, ist flach geschlossen, und im 14. Jahrhundert verlängerte man die Kirche entschieden nach Westen. Im Verlauf dieser Bauarbeiten verließ man das gebundene System und reihte schmale Mittel-
schiffjoche im Sinne der Hochgotik aneinander.

Die Greifswalder Marienkirche wurde im Zeitraum zwischen 1250 und 1270   FIG. 14
begonnen als Bau der Greifswalder Bürgerschaft. Sie erstand betont als dreischiffige Hallenkirche ohne Querschiff und Chor. Die Ostwand verläuft völlig
gradlinig; der Ostgiebel wurde im letzten Viertel des 14. Jahrhunderts vollendet und weist die Schmuckformen der Spätzeit auf. In Pommern und Mecklenburg trifft man den Typ der chorlosen Halle etwa in der Zeit von 1250 bis
1350 an. Hier dominiert der Eindruck absoluter Richtungslosigkeit: das Raum-
gefüge entspricht der Vorstellung einer fast quadratischen Halle. Die Lübecker
Marienkirche wurde nach dem Stadtbrande von 1251 und der Vernichtung des   TAFEL 11
romanischen Vorgängerbaues zunächst als Hallenkirche unter dem Einfluß des
westfälischen Hallentyps begonnen, aber noch während des Baues in eine Basilika verwandelt, wie man sie in den Städten Westeuropas studieren konnte (auch

FIG. 15

der Baumeister war in Frankreich geschult). In rascher Folge errichtete man in den Jahren von 1260 bis 1280/90 den langen dreischiffigen Kathedralchor mit drei Jochen und dem Umgang mit Kapellenkranz (Vorbild war die Kathedrale von Soissons). Die Geschosse des Langhauses wurden auf zwei reduziert. Erst 1330 gelangte das neue Langhaus zum Abschluß; die gewaltigen Turmhelme, die zu den überzeugendsten Formen dieser Art gehören, wurden 1350/51 aufgesetzt. Der Lübecker Mariendom darf als überzeugendstes Dokument des Selbstbewußtseins der Bürger in den deutschen Hansestädten gelten. Hier wurde die Vorstellung der französischen Kathedrale in großartiger Weise in das Vokabular der Backsteinbaukunst übertragen. Zudem diente der Lübecker Mariendom als Vorbild für eine ganze Reihe hochgotischer Bauten im Küstengebiet. Sein Äußeres ist in einfachen und monumentalen Formen gehalten, und die mächtigen Strebepfeiler erheben sich in langer Reihung über den Kapellen und Seitenschiffen, wobei sie kraftvoll die Bausubstanz des Mittelschiffs abstützen. Die Westtürme ragen in mehreren Geschossen übereinander empor, steile Dreiecksgiebel greifen in die Turmsubstanz hinein. Das Mittelschiff steigt bis zu einer Höhe von fast vierzig Metern empor (höher als Chartres). Diese Raumhöhe wird durch die beiden übereinanderliegenden Pfeilerreihen hervorgerufen, die diesem Interieur durch ihren Backsteinton eine sympathische Note verleihen, und die weniger ausgeprägte Tiefenbewegung mündet in einen dreiseitigen Chorabschluß ein.

Das Lübecker Beispiel der Rückverwandlung von der Hallenkirche zur Basilika wirkte sich schon auf die Stralsunder Bürgerschaft aus, die den Dom St. Nikolai (vor 1270 begonnen) zunächst als Hallenkirche geplant, dann jedoch den Umbau zur Basilika beschlossen hatte. Auch hier entstand ein Chor mit Umgang und polygonalen Kapellen, wobei man sich entweder an Lübeck oder an Beispielen in Frankreich und Flandern orientierte. Anstelle des Bündelpfeilers der französischen Kathedralen verwendete man den wuchtigen Achteckpfeiler, und die ursprünglich als Einturmfassade projektierte Westfassade wurde nun als Zweiturmfassade konzipiert. Die Zisterzienserkirche in Doberan entsprach dem Schema der französischen Kathedrale in weitgehender Weise. In den Jahren von 1294 bis 1299 begann der Bau einer dreischiffigen Basilika mit Querschiff, Umgang und Kapellenkranz (vollendet 1368). Der Außenbau der Doberaner Kirche erscheint klar und wuchtig; die Zisterzienser haben auf Turmbauten verzichtet. Der zweigeschossige Wandaufbau im Interieur ist durch die Einfügung einer triforienartigen Wandzone zwischen Arkaden und Obergaden bereichert: Hiermit erzielte der Baumeister eine Steigerung der horizontalen Schichtung gegenüber dem gotischen Vertikalismus. Man kann eine vergleichbare Erscheinung zu derselben Zeit in England im Early English Style und im Decorated beobachten. Die Pfeilerdienste setzen im Mittelschiff in etwa drei Meter Höhe auf Laubkonsolen an. „Die Querschiffarme sind durch ein zweigeschossiges Arkadengitter vom Mittelschiff getrennt, so daß die Arkadenreihe des Mittelschiffs ohne Unterbrechung bis zum Chor durchläuft. In der Mitte beider Kreuzarme je ein achteckiger Pfeiler mit geometrischer Bemalung." (Georg Dehio)

Ebenfalls nach Lübecker Vorbild wurde die Rostocker Marienkirche (nach 1230 begonnen) gegen Ende des 13. Jahrhunderts zur Basilika mit Chorumgang und einem Kranz aus fünf polygonalen Kapellen umgebaut; nach dem Einsturz des Baues 1398 änderte man den ursprünglichen Plan und fügte ein Querschiff ein. Das Langhaus erstreckt sich nunmehr über zwei Joche. Das Mauerwerk des Äußeren weist bei den Schiffen im wesentlichen gelbe Ziegel auf, die schichtenweise mit grünglasierten Steinen abwechseln. Die Marienkirche zu Rostock er-

TAFEL 29

TAFEL 28

FIG. 17   Prenzlau, Marienkirche: Ostgiebel

langte nach der Abänderung der ursprünglichen Planung einen fast zentralen Charakter und eine gedrungene Konzentration durch das knappe Langhaus.

Indessen wendete sich die Lübecker Bürgerschaft erneut dem Ideal der Hallenkirche zu. In den Jahren von 1300 bis 1370 entstand die stolze St. Johanniskirche, die in eindrucksvoller Weise den Platz „Am Sande" beherrscht. Die Kirche ist ein fünfschiffiger Hallenbau und wurde später durch die beiden äußeren Seitenschiffe erweitert; das Mittelschiff übertrifft die übrigen Schiffe durch seine Breite. Wuchtige Pfeiler alternieren mit runden Säulen, der Raumeindruck ist in sich geschlossen und von absoluter Harmonie der Proportionen. Der Turm stammt mit seinem prächtig kupfergedeckten Helm aus dem Anfang des 15. Jahrhunderts.

TAFEL 26

Auch in einer Zeit, in der man dem Basilikalschema schrittweise den Rücken kehrte, blieb das französische Vorbild in den Bischofsstädten verbindlich. Heinrich der Löwe hatte 1171 gemeinsam mit den Fürsten von Pommern und Mecklenburg die Bischofskirche zu Schwerin gegründet. Dieser frühe Dom wurde bereits 1248 geweiht; der jetzige gotische Backsteinbau ist im wesentlichen dem 14. und frühen 15. Jahrhundert zuzuweisen. Der Chor wurde vor 1327 vollendet, der Bau des Langhauses wurde 1374 abgeschlossen. Es handelt sich um eine dreischiffige Basilika mit dreischiffigem Querhaus. Der Chor mit Umgang und einem Kranz von fünf Kapellen folgt dem Lübecker Vorbild. Die starke Anlehnung an den Prototyp der französischen Kathedrale macht sich vor allem bei der Außenansicht geltend: hier ist der Chor besonders ausgeprägt, um den sich der Kapellenkranz herumlegt. Der Schweriner Dom entspricht dem Bei-

FIG. 18   Eberswalde, St. Maria Magdalena: Portal

spiel der westeuropäischen Hochgotik in einem Maße, das sonst keine Kirche des norddeutschen Gebietes erreicht.

Das Lübecker Vorbild hat auch in anderen Hansestädten an der Ostsee nachgewirkt, z.B. in der Wismarer St. Nikolaikirche, deren Chor kurz vor 1380 begonnen wurde (Weihe 1403); das Langhaus wurde erst 1459 vollendet. Die Nikolaikirche ist eine dreischiffige Basilika mit einem Chor mit Umgang und Kapellenkranz. Die Maßverhältnisse sind ins Ungeheure gesteigert, der Umgang mit dem Material wird immer freier und schrankenloser. Die Kirche weist höchst eindrucksvolle Dekorationen aus Glasursteinen an den Giebeln der Seitenhallen auf. Der Giebelfläche sind Heiligenfiguren und Ornamente aus grünschwarzfarbigen Glasursteinen eingefügt, und die ästhetische Wirkung wird noch durch eine prachtvolle Rose verstärkt. Auch die St. Stephanskirche in Tangermünde (Langhaus neuerbaut von 1376 bis 1400) zeigt das Basilikalschema auf dreischiffigem, kreuzförmigem Grundriß. Dem Langhaus wohnt eine rustikale Gewalt mit den mächtigen Bündelpfeilern aus Backstein inne, die in ihrer reichen Profilierung an Hausteinformen gemahnen, die Zusammenhänge mit der Prager Dombauschule vermuten lassen – das ist umso naheliegender, als Kaiser Karl IV. in seiner Eigenschaft als Kurfürst von Brandenburg seine Residenz in Tangermünde aufgeschlagen hatte und das Tangermünder Langhaus in seiner Regierungszeit errichtet wurde. Die Meisterwerke der Tangermünder Stephanskirche sind die Prachtportale der nördlichen und südlichen Giebelfronten mit einem grandiosen Spiel spätgotischer Formsteine. Die Wandfläche wird durch ein zartgliedriges Ziergitter belebt, und der Spitzbogen enthält eine Rosette, deren kreisende Details voller Dynamik sind und einen großartigen Reichtum an Einfällen verraten.

FIG. 19

FIG. 19   Tangermünde, Stephanskirche: Südportal

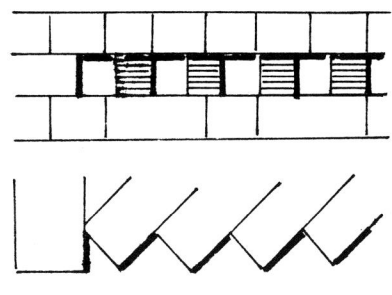

Die Stralsunder Marienkirche, die nach 1382 begonnen wurde, folgt dem klassischen Schema mit dreischiffigem Querhaus und einer quadratischen Vierung. Die Kirche entspricht dem Typ einer Basilika und weist einen Chor mit vereinfachtem Umgang und Kapellenkranz auf, wobei Chor und Querhaus eine räumliche Einheit bilden. Doch der Chor besitzt keine in sich ausgeformten Kapellen mehr: Die polygonale Umfassungswand ist glatt, die Strebepfeiler sind einwärts gezogen. Die Marienkirche erscheint in gewaltiger Wucht und Baumasse, wie sie sich über der Wasserfläche erhebt und im Westen von dem mächtigen Turme beherrscht wird, der achteckig mit reicher Blendengliederung auf einem quadratischen Unterbau ruht und von Treppentürmen flankiert wird. Die Stralsunder Marienkirche bedeutet den entscheidenden Schlußpunkt unter die Entwicklungsmöglichkeiten der Kathedrale.

Im 14. und 15. Jahrhundert gewinnen die Hallenkirchen ihre hervorragende Rolle zurück. So wurde der Dom St. Nikolaus zu Stendal 1423 begonnen und 1467 vollendet. Er ist eine dreischiffige Hallenkirche mit Querschiff und einem einschiffigen Chor. Das Mittelschiff wirkt breit und ausladend, die Seitenschiffe sind steil und vertikal. Die klargeformten Rundpfeiler zeigen vier Backsteindienste, die die mit zarten Rippen besetzten Gewölbe tragen. Die Joche sind nicht gegeneinander abgegrenzt, so daß sich das gesamte Gewölbe zu einem einheitlichen Gefüge zusammenschließt.

Zunächst auch als Hallenkirche wurde die Stralsunder Jakobikirche errichtet und dann im 14. oder frühen 15. Jahrhundert durch Überhöhung des Mittelschiffs in eine Basilika zurückverwandelt; jedoch beließ man der neuen Kirche den rechteckigen Chorabschluß. Der Turm von St. Jakobi gehört zu den reichsten unter den Stralsunder Turmbauten.

Zu den wesentlichen spätgotischen Hallenbauten zählt auch die Marienkirche zu Prenzlau (Chor aus dem zweiten Viertel des 14. Jahrhunderts). In den Jahren nach der Mitte des Jahrhunderts folgte der Bau des Hallenlanghauses. In einem Zuge führt die Bewegung nach Osten bis zur bewegt gestalteten Ostwand hindurch. Diese Ostwand ist besonders reizvoll: ein Giebel mit Fialen, Wimpergen und Maßwerk, das frei vor die Giebelfläche gestellt ist und aus roten und schwarzglasierten Formsteinen besteht. Dieser Giebel weist eine Verwandtschaft mit jenem der Neubrandenburger Marienkirche auf. Ebenfalls eine dreischiffige Hallenkirche ist die Marienkirche zu Pasewalk (14. Jahrhundert), deren Ostabschluß von besonderer Bedeutung ist (siehe oben).

Auch in Lüneburg erhoben sich zu jener Zeit stolze Hallenkirchen wie die St. Michaeliskirche (1376–1418). Sechs runde Säulenpaare, die aus Backstein aufgemauert sind, tragen die weitgespannten Kreuzgewölbe; die Ausgewogenheit der Höhen- zur Breitenerstreckung, die in sich ruhende Kraft des Interieurs gibt der Kirche den harmonischen Eindruck. Ebenfalls als Hallenkirche wurde die Pfarrkirche St. Marien in Gransee erbaut (zweite Hälfte des 15. Jahrhunderts). Diese Kirche kann sich den Dimensionen nach nicht mit den großen Backsteindomen messen und ist doch ein Juwel unter den kleineren Backsteinbauten: überraschend das Innere mit den stämmigen Achteckpfeilern und den Kreuzrippengewölben, ferner der Giebel über dem Ostteil, der durch drei Apsiden deutlich geformt wird – er ragt steil empor und läßt mit seiner Schmuckhaftigkeit an die Giebel der Marienkirchen zu Prenzlau und Neubrandenburg denken.

TAFEL 13

FIG. 6

FIG. 17

TAFEL 12

TAFEL 19

TAFEL 10

TAFEL 20

Der Höhepunkt der spätgotischen Kirchenbaukunst ist die Brandenburger Katharinenkirche des Baumeisters Hinrich Brunsberg: ein ragender Bau vom Typ der dreischiffigen Hallenkirche mit Netz-, Kreuzrippen- und Sterngewölben und nach innen gezogenen Strebepfeilern. Das Bedeutendste an der Katharinenkirche ist ihre äußerste Schmuckhaftigkeit: in den Giebeln der Nord- und der Südseite triumphiert jener Sinn für Ornamentik, wie er sich bereits in Prenzlau und Neubrandenburg entfaltet hatte. Die reichgegliederten Giebel der Südkapelle mit den vielgestaltigen Rosetten, den Fialen und Wimpergen wirken vor allem durch das filigranartige Werk der Formsteine und durch die Abtönung durch glasierte Ziegel – kurzum, ein Nonplusultra der spätgotischen Backsteinkunst. Der aus dem Ordensland kommende Brunsberg schuf hier ein Meisterstück des märkischen Schmuckstils, der in seiner künstlerischen Aussage von einer unerreichten Meisterschaft kündet.

TAFEL 37

TAFEL 36b

FIG. 20

In der Lüneburger St. Nikolaikirche (begonnen um 1407, vollendet um 1440) tritt besonders das 10 Meter breite und 29 Meter hohe Mittelschiff hervor und vermittelt einen mächtigen Raumeindruck. Achteckige Pfeiler tragen ein reiches Sterngewölbe, mit dem die spätgotischen Meister des Backsteingebietes bewiesen haben, welch ein hohes Maß an Ornamentik auch dem spröden Material des gebrannten Formsteines zu entlocken war. St. Nikolai zeichnet sich auch im Gegensatz zu vielen anderen Kirchen der Ziegelarchitektur durch den unverfälschten Backsteinton des Interieurs aus. Dieser dunkelrote Farbton wird an keiner Stelle durch Putz verfälscht oder überlagert.

TAFEL 18

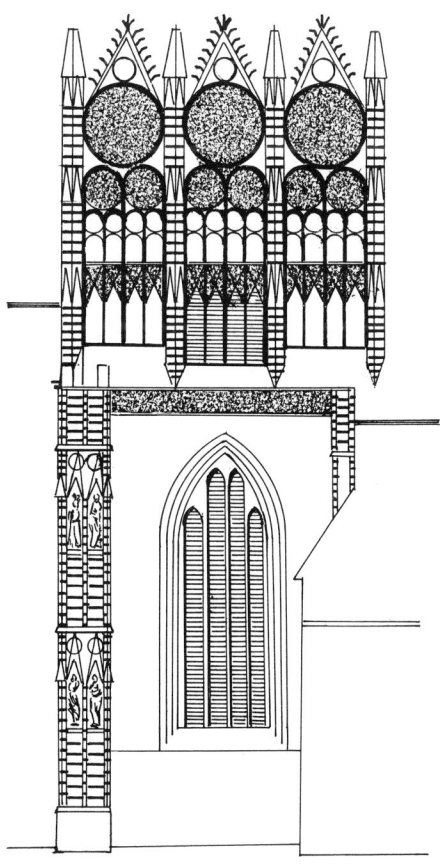

FIG. 20   Brandenburg, Katharinenkirche: Südgiebel

FIG. 21   Kulm, St. Marien / Stettin, Johanniskirche / Thorn, St. Jacobi

TAFEL 33

Von großer Bedeutung sind die Beispiele des Kirchenbaues in den ehemaligen Einflußgebieten von Hanse und Deutschorden – in jenen Provinzen, die heute unter polnischer oder sowjetischer Verwaltung stehen (Pommern, Danzig und Westpreußen, Ostpreußen und die baltischen Staaten Litauen, Lettland und Estland). Die Ausstrahlung der Backsteinbaukunst reicht hier bis nach Reval hinauf.

Während Ostpreußen durch den Orden stärker nach militärischen Prinzipien verwaltet wurde und daher relativ arm an großen Kirchenbauten blieb – hierher gehören nur die Dome zu Frauenburg und Königsberg und die St. Jakobskirche in Allenstein – sind Danzig und Westpreußen von einem fast unübersehbaren Reichtum an Hauptwerken der Backsteingotik. Eines der wesentlichen Beispiele ist die Danziger Marienkirche; man kann Danzig an architektonischer Bedeutung innerhalb des Ostseegebietes nur mit Lübeck vergleichen. Die Stadtsilhouette Danzigs wird vom Turm der Marienkirche mit seiner stumpfartigen Wucht bestimmt. Im Innern der Kirche herrscht die Hallenstruktur vor, die mit einem dreischiffigen Presbyterium und einem Kapellenkranz ausgestattet ist (erbaut in den Jahren von 1342 – 1502). In ihrer Länge zählt die Danziger Marienkirche (105 m) zu den größten Bauten in Europa, außerdem ist sie die umfangreichste Anlage in diesem Raume. „Der Plan der Danziger Marienkirche steckt sein Ziel weit jenseits von allem bis dahin Bestehenden. Im Wetteifer mit dem im Gebiet der wendischen Städte die Geister bewegenden kreuzförmigen Basiliken unternimmt er einen Riesenbau, gebildet durch zwei sich in regelmäßiger Kreuzform durchschneidende dreischiffige Hallen. Ein unerhörter, nirgends sonst verwirklichter Raumgedanke." (Werner Burmeister) Wohl verfügt Danzig noch über weitere hervorragende Kirchen, z. B. über die St. Trinitatiskirche als der zweitgrößten Kirche der Stadt (1420 – 1514), die Johanniskirche (14./15. Jahrhundert) und die Katharinenkirche (14./15. Jahrhundert) als der Hauptkirche der Altstadt – die letzten beiden wurden nach den Kriegsereignissen von 1945 inzwischen restauriert –; doch sie alle werden überstrahlt durch die Marienkirche und ihre baugeschichtliche Bedeutung. „Die mächtigste und schönste Hallenkirche der Backsteingotik ist die von St. Marien in Danzig. Ihr wuchtiger Turmstumpf ist einmalig in dem Gebiet zwischen Lübeck und Riga… Wohin wir auch unseren Blick richten, ob auf den Kolberger Dom, auf die Johanniskirche in Thorn, den Dom in Königsberg oder auf die Corpus-Christi-Kirche in Breslau – alle diese Kirchenbauten sprechen von der stolzen Baugesinnung des Mittelalters und von der schöpferischen Kraft ihrer Meister." (Erwin Nadolny).

Im ehemaligen westpreußischen Gebiet hingegen liegen Marienwerder und Pelplin. Die Zisterzienserkirche zu Pelplin gehört zu den älteren Klosterkirchen (13./14. Jahrhundert); der Bau ist langgestreckt und wird durch ein entschiedenes Querschiff geprägt. Hier spricht vornehmlich die Strenge der Zisterziensertradition, die sich vor allem auf dem Gebiet der architektonischen Planung durchsetzte. Die Pelpliner Kirche ist ungeachtet ihres hohen Alters und ihrer langen Bauzeit einheitlich konzipiert worden.

Die Burg Marienwerder wurde im Jahre 1233 gegründet; zehn Jahre später entstanden die Bistümer in dem eroberten Lande – so erhob der Bischof Rudolf (1322 – 1332) Marienwerder zu seiner Residenz und wurde der Begründer des neuen Domes. Auf diese Weise wurde eine Baugruppe von Kirche und Klausur gebildet, wobei diese Klausur in der Form einer Ordensburg errichtet wurde. Man hat die Schiffe erst im Jahre 1355 vollendet. Ungeachtet der fortwährenden Unterbrechungen in der Baugeschichte des Doms erweckt die Architektur doch den Eindruck, als sei sie nach einem einheitlichen Konzept durchgeführt worden. Der Dom zu Marienwerder weist den Typ einer dreischiffigen Basilika auf, wobei man den Chor mit zweigeschossigem Aufriß erbaute – besonders interessant sind hier die achtteiligen Sterngewölbe. Im Kontrast zu dieser inneren Pracht erscheint das Äußere der Kirche, das fast schmucklos bleibt. „Zugleich stehen Dom und Kapitelsburg damit in künstlerischem Gegensatz, und die Zweckbestimmung der beiden Bauteile ist von vornherein klar zu erkennen." (Bernhard Schmid). Das Innere des Doms wird durch wuchtige Pfeiler und ein unbeleuchtetes zweites Geschoß getragen; der Chor ist über einer Krypta erhöht, wie dies auch in anderen Kirchen des Kontinents zu beobachten ist.

Weitere Kirchen befinden sich in diesem Raume in Thorn: hier handelt es sich um einen vorzüglich erhaltenen Komplex der Backsteinarchitektur in Europa. So zeigt die St. Johanniskirche (zweite Hälfte des 13. Jahrhunderts) einen ragenden Turm aus dem 15. Jahrhundert mit stumpfer Bekrönung und von gedrungener Kraft, wobei der Chor niedrig gehalten ist und dem unvollende-

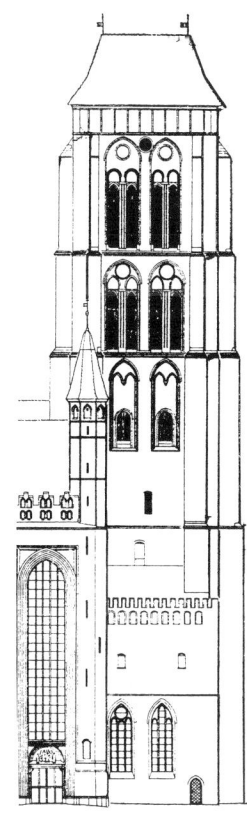

FIG. 22

TAFEL 31

TAFEL 34

45

FIG 21

ten Turm eine erhöhte Wirkung überläßt. Der Chor zeigt einen Eindruck von ruhiger Zuständlichkeit; heute ist der Raum weiß getüncht, und somit ist der ehemals reizvolle Wechsel von schwarzglasierten Ziegeln und dem ziegelroten Material überlagert. Das harmonisch gestaltete Äußere mit den beiden runden und den drei schlanken Putzblenden und dem Ostfenster nimmt den ruhigen Ton des Interieurs auf. Weitere wesentliche Kirchenbauten in Thorn sind die Marienkirche (Mitte des 13. Jahrhunderts) mit der steil aufragenden, vertikal bestimmten Aussage der Architektur und dem schmuckreichen Giebel im Osten, ferner die Jakobskirche (1309 – 1350) mit ihrer monumentalen Erscheinung. Der Turm und die eindrucksvolle Westfassade entstanden um 1350; der Turm steigt in drei Geschossen empor. Als weiterer Akzent sind die spitzen Strebepfeiler am Langhaus und Chor von entscheidender Bedeutung. Die farbige Wirkung des Äußeren ist von faszinierendem Eindruck und wird von grün und gelb glasierten Formsteinen bestimmt; die Keramikdekorationen der Kirche stammen aus der Entstehungsgeschichte des Bauwerks.

FIG 21

Weitere Kirchenbauten im Raume Pommern und Westpreußen sind die Marienkirche zu Kulm (Baubeginn 14. Jahrhundert): eine Hallenkirche mit bestimmender zweitürmiger Westfassade, von der lediglich der ragende Nordturm ausgeführt wurde; im Gegensatz zur Thorner Johanniskirche oder zum Marienwerder Dom sind hier nicht drei parallele Satteldächer oder ein einziges riesiges Dach angewendet worden, sondern quergestellte Satteldächer über den mit einer Giebelwand ausgestatteten Seitenschiffsjochen. Der Nordturm wurde erst 1333 vollendet. Weitere Hauptbeispiele sind die Marienkirche in Elbing,

FIG 21

die Backsteinkirche zu Deutsch-Eylau, die ebenfalls der Wirkungszeit des Deutschen Ordens zuzurechnen ist, und der wuchtige Dom zu Kolberg mit seiner breitgelagerten Fassade. Die Johanniskirche zu Stettin ist ein Bau der Franziskaner und vermittelt mit ihren weißgeputzten Blenden im Giebelgeschoß eine eindrucksvolle Variation in der Wirkung der Mauerfläche (13./14. Jahrhundert).

TAFEL 30

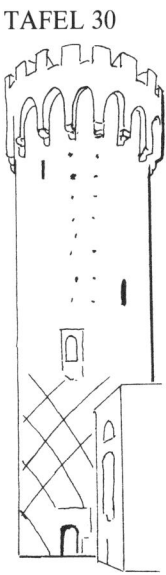

Zu den wesentlichen Kirchenbauten in Ostpreußen zählen der Dom zu Frauenburg am Frischen Haff, der Dom zu Königsberg, die dortige Marienkirche und die Jakobikirche in Allenstein. Der Dom von Frauenburg (1329 – 1388) weist den Einfluß der Zisterzienserbaukunst auf, die ohne entschiedene Turmkonstruktion auskommt. Die Westfassade ist äußerst reich dekoriert: dieser Dom gilt zu Recht als das bedeutendste Werk der Backsteingotik und der Kirchenarchitektur in Ostpreußen. Es handelt sich um eine dreischiffige Halle mit einem einschiffigen Chor. „Die Raumform ist eine konsequente und wirkungsvolle Sonderausbildung der ostdeutschen Halle in das Breite, Gedrungene, ihr Ausdruck Ernst und Geschlossenheit, ein fast erstickendes Pathos des Verzichts." (Werner Burmeister). Die St. Jakobikirche zu Allenstein (letztes Viertel des 14. Jahrhunderts) ist eine dreischiffige und chorlose Halle mit einem quadratischen Westturm; die Kirche wurde erst im 16. Jahrhundert eingewölbt. Der Königsberger Dom (14. Jahrhundert) zeichnet sich durch eine reichgegliederte Westfassade aus; die Türme – vor allem der ausgeprägte Südturm – stammen aus dem Jahre 1552. Das Chorgewölbe ist mit Sterndekorationen überdeckt; das Langhaus wurde im letzten Viertel des 14. Jahrhunderts nach dem Hallenschema umgebaut, wobei auch das Mittelschiff Sterngewölbe erhielt.

Im Baltikum entstand vor allem in Riga und Reval eine Reihe wesentlicher Backsteinkirchen. Der Dom zu Riga (begonnen 1211) beweist seinen hohen baukünstlerischen Rang ebenbürtig mit der Lübecker Marienkirche und der Marienkirche zu Danzig: diese drei Kirchenbauten dokumentieren die Glanzzeit der Backsteinbaukunst an den Gestaden der Ostsee. Auch hier wurde ein Hallenlanghaus von großen Dimensionen geplant, das noch heute in der Erscheinung des gewaltigen südlichen Seitenschiffs fortlebt. Im 15. Jahrhundert wurde das Mittelschiff zur Form der Basilika überhöht und der Grundriß durch Kapellenreihen bereichert, die sich an die Seitenschiffe anschmiegen. Der gewaltige Westturm verleiht der Erscheinung des Ganzen einen entscheidenden Akzent. Die Stadt Riga verfügt über weitere Kirchen von hohem Rang: hier sind noch die Petrikirche und die Jakobikirche zu nennen.

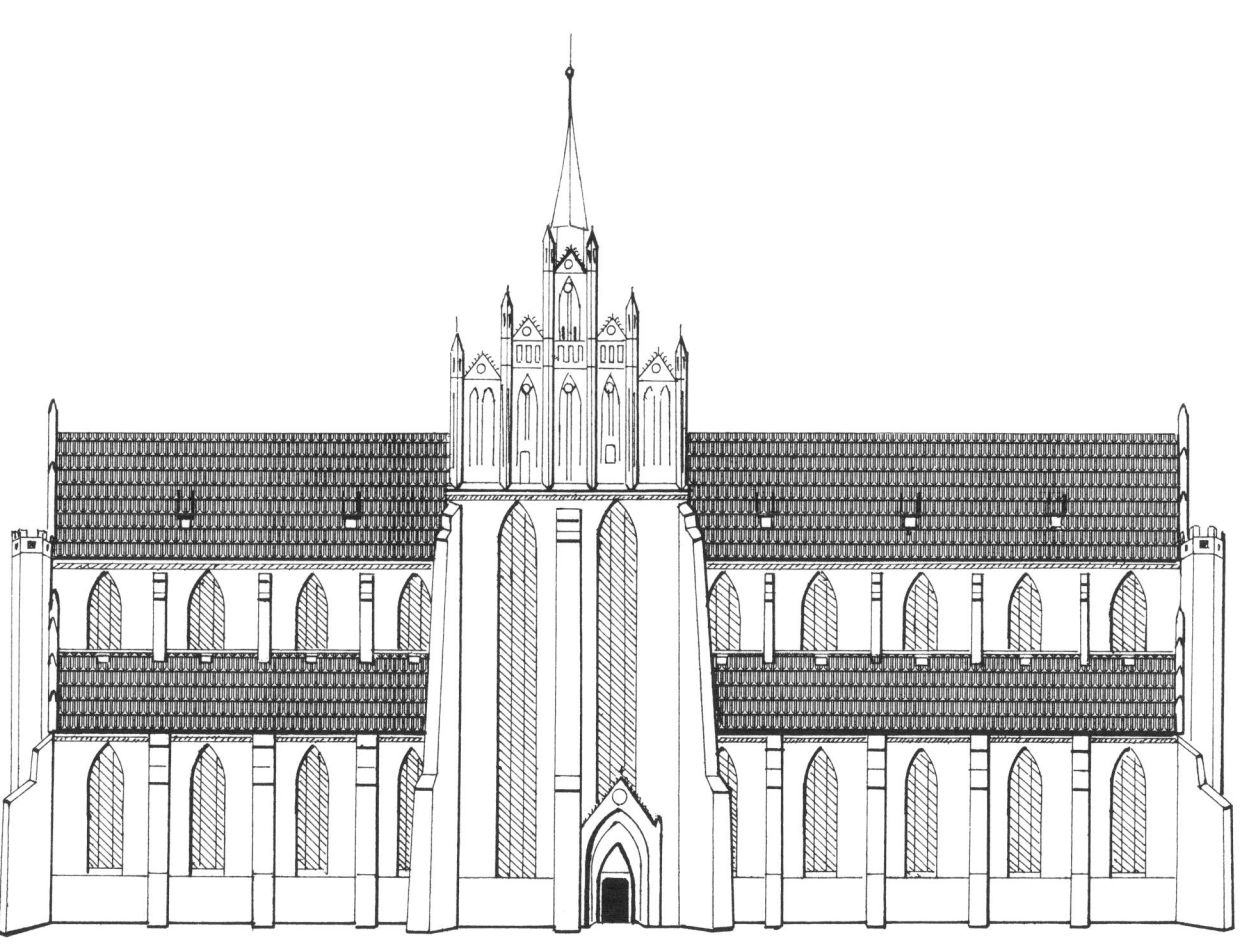

FIG. 22   Pelplin, Südseite der Zisterzienserkirche

Der profane Backsteinbau

FIG. 23

FIG. 25

TAFEL 39

TAFEL 40

TAFEL 35

FIG. 26

Zu den wesentlichen Bautypen der nichtsakralen Baukunst der gotischen Ära gehören das Rathaus, Bürgerhäuser, Stadttore und Stadtbefestigungen – in diesem Umkreise sind auch die Burgen aus diesem Material zu nennen. Eine hervorragende Stellung unter den R a t h ä u s e r n nehmen das Lübecker und das Stralsunder ein. Das Lübecker Rathaus erhielt nach dem Stadtbrand von 1251 seine veränderte Gestalt in Form einer ragenden Schildwand mit vertikalen Treppentürmen und einer zweigeschossigen Laube in der vollen Breite dieser Fassade, und der Neubau des Hauptteiles fand in den Jahren von 1340 bis 1350 statt. Auch nach Norden wurde der Bau mit einer ragenden Schildwand abgeschlossen. Im Jahre 1435 glich man ihrer formalen Konzeption auch die Südwand an, und wenig später wurde der Flügel des Langen Hauses um einen Komplex erweitert; 1484 fügte man im Norden einen Kanzleitrakt hinzu. Ebenso wie die kraftvolle Giebelwand des Stralsunder Rathauses künden die ragenden Giebel des Lübecker Baues von der Macht und Bedeutung jener Hansestädte. Das Stralsunder Rathaus ist aus zwei parallelen Giebelhäusern in der zweiten Hälfte des 13. Jahrhunderts entstanden. Am Marktplatz ragt der nördliche Querbau mit seiner prachtvollen Fassade empor und bildet gemeinsam mit dem Nordturm der St. Nikolaikirche einen nachdrücklichen Akzent zum Markte hin. Sieben Pfeilervorlagen gliedern die Wandfläche auf, die durch drei Reihen gepaarter Kleeblattbögen geprägt wird. Darüber bekrönen sechs runde Öffnungen mit Sternen aus Kupferblech und Giebel mit Krabben und Kreuzblumen die Komposition dieser monumentalen Giebelwand, die innerhalb der gotischen Backsteinbaukunst ihresgleichen sucht (15. Jahrhundert). Die Profanbaukunst der Backsteingotik zeigt sich hier in vollstem Wettbewerb mit den Formen der Sakralarchitektur und beweist zugleich, daß sie durchaus nicht hinter jener an Schönheit und Harmonie zurückzustehen braucht. Auch im Bereiche der Hausteinarchitektur kann man an ähnliche Erscheinungsformen denken, z.B. an das Braunschweiger Altstadtrathaus. Auch kann es der Blendgiebel des Rathauses zu Frankfurt/Oder an ornamentaler Gliederung durchaus mit den entsprechenden Giebeln der Sakralarchitektur aufnehmen. Diese Schaugiebel sind ein glänzendes Kapitel spätgotischer Backsteinbaukunst, und es ist sicher kein Zufall, daß derselbe Baumeister die prachtvollen Nord- und Südgiebel der Brandenburger Katharinenkirche und die Ostfassade des Rathauses zu Tangermünde errichtet hat: Hinrich Brunsberg.

Man findet weitere bedeutende Rathäuser in Jüterbog (mit dem überraschenden Diamantgewölbe im Bürgermeisterzimmer), Mölln und vor allem in Brandenburg. Dies ist ein zweigeschossiger spätgotischer Backsteinbau (um 1480) auf rechteckigem Grundriß – aus dem Staffelgiebel wächst der mächtige Turm empor, und das Portal gehört zur besonderen Zierde dieser Fassade mit seinem reichen Backsteinmaßwerk und den kunstvoll geformten Rosetten zu Häupten dieses Portals. (Nicht zu vergessen der gewaltige Roland, der an der Seite des Portals aufragt und zusammen mit dem Rathaus eine Vorstellung der mittelalterlichen Bedeutung und Selbständigkeit dieser Stadtwesen vermittelt.) Die Reihe der interessanten Rathäuser des Backsteingebietes läßt sich fortsetzen, z.B. mit dem Fürstenwalder Beispiel mit der spätgotischen Giebelfassade und der offenen Halle der Ostseite mit den prachtvollen Sterngewölben oder mit dem Rostocker Rathaus mit seinem ragenden Schaugiebel, das vergleichbar dem Stralsunder Beispiel, ehemals aus zwei parallellaufenden Giebelhäusern

FIG. 23   Lübeck, Rathaus

FIG. 24   Grimmen, Rathaus

FIG. 25   Frankfurt/Oder, Rathaus: Blendgiebel

FIG. 24

bestand und im 15. Jahrhundert dann einen Vorbau mit Laubengang erhielt, der 1727 abgebrochen und durch eine barocke Pseudopalastfassade ersetzt wurde, die diesem Schaugiebel auch die letzte Wirkung nimmt; oder mit dem Beispiel in Grimmen, dessen gedrungener Unterbau einen Giebel von lastendem Gewicht trägt (14. Jahrhundert).

Unter den bedeutenden Beispielen im Gebiet jenseits von Oder und Neiße ist vor allem das Rathaus von Marienburg (Ende des 14. Jahrhunderts) zu nennen, das sich durch die Kielbogenblenden des Südgiebels und die runden Abschlüsse der Staffeln auszeichnet; dieser Südgiebel dürfte nach der Zerstörung von 1450 erneuert worden sein. Das Thorner Rathaus stellt einen regelmäßigen Bau mit vier Flügeln dar und umschließt einen Binnenhof. Die vier Ecken des Massivs werden von kleinen Türmen in der Gestalt von Renaissanceelementen akzentuiert; und die Mitte der Flügel wird jeweils durch vier entschieden gebildete Zwerchhäuser betont. Der Turm, der das Ganze beherrscht, ragt über der Südostecke des Rathauses empor und weist mit seinen vierzig Metern Höhe zweieinhalb Geschosse auf (Bauzeit des Rathauses 13./14. Jahrhundert). „Hier im unteren Teile keine einzeln betonten Waagerechten, sondern eine massige Wucht. Gesteigerte Quantität wird zur Qualität. Hier liegt das Neue und Geniale der Befreiung in dem vom Boden bis unters Dach ununterbrochen aufsteigenden Blenden." (Hans Much) Ein weiteres Hauptbeispiel ist das interessante Rathaus zu Wormditt (errichtet 1373) im ehemaligen Regierungsbezirk Königsberg: in der Mitte des steilen Daches erhebt sich ein Türmchen, und der Westgiebel bestimmt mit seinen ragenden Staffeln wesentlich das Bild dieses Gebäudes.

Zum unmittelbar notwendigen Bestande einer mittelalterlichen Stadt gehört die B u r g und die S t a d t b e f e s t i g u n g.

TAFEL 44

Zu den zahlenmäßig wenigen Burgen, die in den westlichen Landesteilen und in der Mark Brandenburg auf unsere Tage gekommen sind, zählen die Burg Kaiser Karls IV. in Tangermünde, die Zitadelle in Berlin-Spandau und die Burg zu Neustadt-Glewe, ein gotischer Backsteinbau aus der ersten Hälfte des 14. Jahrhunderts und zugleich der älteste Profanbau in Mecklenburg. Wesentlich anders verhält es sich jedoch mit den ehemaligen Ordensbauten im Bereich der Ostseegebiete, die von außerordentlicher Dichte besonders zwischen Pommern und dem Baltikum sind. „Bei den Burgenbauten des deutschen Ritterordens machte sich neben dem eigentlichen Wehrzweck auch ein Wohnbedürfnis geltend. So entwickelte sich bei den Burgen gesondert von der Wehranlage das Schloß, das

TAFEL 32

Kapelle, Wohnhäuser und Speicher umfaßte" (Erwin Nadolny). Das wesentlichste Beispiel ist hier die Marienburg (Baubeginn vor 1280); die Verlegung des Hochmeistersitzes von Venedig hierher im Jahre 1309 hatte ein eigentliches Zentrum im Ordensgebiet geschaffen. Die baulichen Erweiterungen erhoben sie in den Rang einer der größten Burg- und Schloßanlagen in Europa: man kann die Marienburg eine Symphonie der gestaltenden Formen der Backsteingotik überhaupt nennen. Der gewaltige Gebäudekomplex ragt am rechten Ufer der

FIG. 26   Brandenburg, Rathaus: Portal

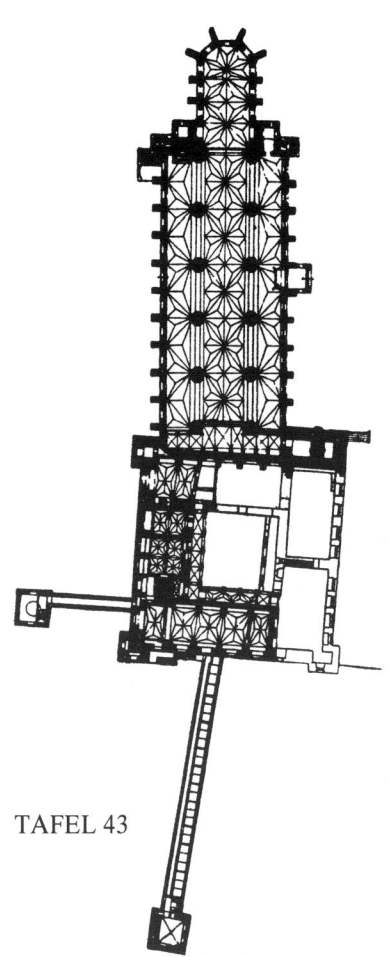

Nogat empor. Der Ausbau der Marienburg war bereits um 1309 abgeschlossen. Zu den wesentlichen Bauteilen gehört der Kapitelsaal, der Konventsremter und das Dormitorium, ferner die Schloßkirche und die Anlagen des Dansker, die weit gegen die Nogat hinausgebaut wurden. 1344 wurde der gewaltige Hauptturm vollendet. Bereits 1309, beim Einzug des Deutschordensmeisters, war die Vorburg in den Ansätzen vorhanden, und das Mittelschloß mit den Verwaltungsräumen des Großkomturs entsprach dem europäischen Rang der Anlage. Zu den reifsten Werken der Backsteingotik darf man zweifellos den Hochmeisterpalast an der Nogatseite (1393) rechnen. „So spiegelt das Haupthaus in unübertroffener Weise das Wesen des Ordensstaates in seiner straffen Organisation, seiner ausgewogenen Politik, seiner Wohlfahrtspflege, seinem Reichtum und seiner Schönheit." (Erich Weise). Zu den bedeutendsten Raumeindrücken zählen der Große Remter und der Sommerremter des Hochmeisterpalastes mit den tragenden Stützen und der großartigen Wirkung der Gewölbestruktur.

Die Anzahl der Backsteinburgen und -schlösser im Ordensgebiet ist sehr groß. In diesem Zusammenhang sollen noch einige aufgeführt werden, z. B. das Schloß des Bischofs von Ermland in Heilsberg (um 1350) mit einem großen Innenhof, der aus zwei Arkaden übereinander gebildet wird: hier sind die Ecken des Bauwerks durch drei vorgekragte Türmchen akzentuiert, während der vierte eher den Charakter eines umfangreichen achteckigen Bergfrieds aufweist. Er steht an der Nordostecke des Komplexes. Ein weiteres Beispiel ist die ehemalige Ordensburg in Thorn (erbaut seit 1250), die im 14. Jahrhundert einen weiteren Ausbau erfuhr und im Jahre 1454 von den Thorner Bürgern während eines Aufstandes gegen den Ritterorden zum Teil zerstört wurde. In den Jahren von 1958 bis 1966 wurden die Mauern im Untergeschoß freigelegt; heute erblickt man vor allem den gewaltigen Dansker aus der zweiten Hälfte des 13. Jahrhunderts. Ferner seien in diesem Rahmen die Burg zu Balga am Frischen Haff (1270 — 1290), das Schloß zu Königsberg (seit 1255, benannt nach König Ottokar II. von Böhmen als dem namhaftesten Kreuzfahrer) und die Burg Ragnit aufgeführt — Ragnit liegt nahe bei Tilsit und wurde zunächst 1289 unter dem Namen Landshut gegründet —; die Burg wurde nach ihrer Zerstörung in den Kämpfen des Ordens gegen Litauen (1397 — 1409) neu errichtet.

Unter den am besten erhaltenen Stadtmauern im Gebiet zwischen Elbe und Oder sind die Beispiele in Wittstock und Tangermünde zu erwähnen. Festungstürme findet man in guterhaltenem Zustand in Gransee (Ruppiner Tor, Pulverturm), in Bernau (Hungerturm und Steintor mit dem Bildnis des böhmischen Feldherrn Zizka), in Mittenwalde (Berliner Tor), Brandenburg (Plauer Tor, Rathenower Tor, Steintor, Mühlendammtor), Tangermünde (Eulenturm, Roßtor, Neustädter Tor), Stralsund (Kütertor, Knieper Tor), Lübeck (Holstentor) und die eindrucksvollen Tortürme in Neubrandenburg (Neues Tor, Friedländer Tor, Treptower Tor, Stargarder Tor) und Malchin (Kalensches Tor, Steintor, Fangelturm), Stendal (Tangermünder Tor, Uenglinger Tor), Wittstock (Gröper Tor) und Friedland (Neubrandenburger Tor, Anklamer Tor). Selbst kleinere Orte in der Mark Brandenburg weisen oftmals wuchtige und massive Tortürme auf, wie z. B. Müncheberg (Berliner- und Küstriner Tor).

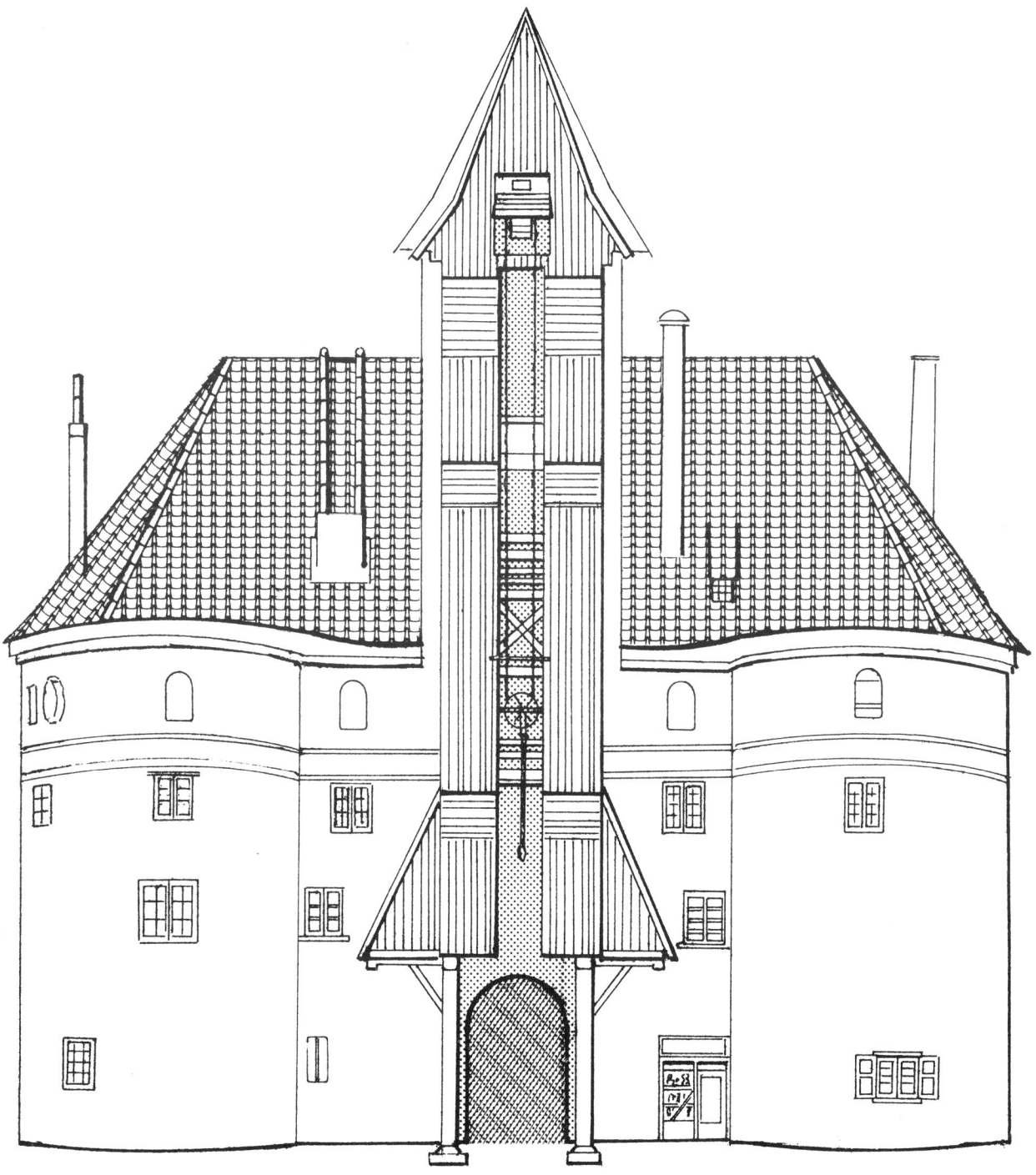

FIG. 27   Danzig, Krantor

FIG. 28   Tortürme der Backsteingotik: Tangermünde, Elbtor / Tangermünde, Eulentor / Stralsund, Knieper Tor

An dieser Stelle sei auf einige Hauptbeispiele eingegangen. Das Lübecker Holstentor gehört zweifellos zu den monumentalsten Schöpfungen dieser Tortürme. Es wurde durch den Ratsbaumeister Hinrich Helmstede erbaut und 1477/78 vollendet, wobei das Vorbild flandrischer Brückentore nicht zu verkennen ist. Die besondere Wirkung dieses breitgelagerten Stadttores besteht zudem in der Zusammensicht mit der lübischen Stadtsilhouette. Während die Stadtseite des Tores durch die horizontal geschichteten Geschosse mit den variabel gestalteten Blenden einen ästhetisch einheitlichen Gesamtcharakter zeigt, dem auch die Flankentürme eingebunden sind, ruft die Feldseite (= Vorderseite) einen eher festungshaften und trutzigen Eindruck hervor. In der Mitte erblickt man das eigentliche Torhaus mit seinem bekrönenden Pfeilergiebel, während die Blendarkaden geputzt sind und mit ihrer Farbigkeit einen besonderen Effekt erzielen: die gedrungenen Rundtürme nehmen zu beiden Seiten in ihrer kompakten Wucht Platz und sind von spitzen Kegeldächern bedeckt. Wesentlich zur Wirkung des Holstentores trägt auch der Schichtenwechsel roter und schwarzglasierter Backsteine bei. Eine vergleichbare Idee, den Mittelteil des Torbaues durch gewaltige Türme zu flankieren, findet man am Anklamer Torturm zu Friedland. Er wurde zwischen 1320 und 1340 im Zuge der massiven Befestigung der Stadt errichtet. Auf der Feldseite erhebt sich ein schmaler und vertikal gestalteter Mittelbau mit zahlreichen Blenden, und auch hier sind die Rundtürme mit Kegeldächern abgeschlossen.

Salzwedel, Steintor/ Rostock, Steintor/ Stendal, Tangermünder Torturm

Eine besonders eindrucksvolle Note wohnt den Tortürmen in Neubrandenburg
inne. Das Stargarder Vortor (Feldseite) gleicht fast wortwörtlich dem Treptower
Tor mit seinen verputzten Blenden und den von Pfeilern eingerahmten Dach-
galerien mit ihren Kantenblumen; besonders eindringlich ist eine solche Fassade
durch die Sprache der Rosetten gestaltet. Von monumentaler Wirkung ist das
Friedländer Tor mit seinem ragenden Pfeilergiebel, während die eigenartigen
acht weiblichen Terrakottafiguren mit den ausgebreiteten Armen am Neuen
Tor und die vergleichbaren neun Gestalten am Stargarder Tor noch immer einer
wirklich glaubhaften Erklärung ihrer Bedeutung und möglichen Funktion har-
ren.

Das Ruppiner Tor in Gransee läßt Erinnerungen an die Neubrandenburger Tore
aufklingen. Besonders die Stadtseite tritt durch ihre reiche Gliederung hervor
(zweites Viertel des 15. Jahrhunderts). Abgestufte Blenden mit einem Sechs-
paßfries gliedern das Mittelgeschoß dieser großartigen Fassade, während der
majestätische Giebel von Spitzbogenblenden mit Stabwerk und Fialen beherrscht
wird.

FIG. 29   Malchin, Kalensches Tor: Außenseite

FIG. 30   Malchin, Kalensches Tor: Innenseite

FIG. 31   Thorn, Fährtor / Stolp, Neues Tor

In der Brandenburger Altstadt befindet sich der Rathenower Torturm aus dem 14. Jahrhundert, der spätere Veränderungen erfahren hat. Die Fassade zeigt Spitzbogenblenden und das Deutsche Band. Der klobige Turm wird von einem steinernen Helm bekrönt; er weist ebenfalls Maßwerk- und Wappenfriese auf und gehört zu den am stärksten ornamentierten Türmen des Backsteingebietes überhaupt. Der Plauer Torturm (vermutlich 15. Jahrhundert) besitzt eine gemauerte Turmspitze und einen durchbrochenen Zierkranz, der zu den besterhaltenen seiner Art zählt.

FIG 31

FIG 32

Auch jenseits der Oder stehen bedeutende Tore und Tortürme, so z. B. das Neue Tor in Stolp/Pommern, mit den beherrschenden und fassadengliedernden Lisenen, in Thorn das Fährtor und das Nonnentor, in Königsberg das Bernikower Tor und das Heilsberger Tor in Bartenstein (ausgebaut im 15. Jahrhundert). Diese Tore haben etwas Stilbildendes: während das Thorner Nonnentor einen rechteckigen Baublock mit einer hohen Fallgitternische über der spitzbogigen Durchfahrt darstellt, zeichnet sich das Fährtor in Thorn, das 1432 von Hans Gotlant erneuert wurde, durch steile Dimensionen aus und zeigt abgerundete Ecken, die feindliche Geschosse besser abprallen ließen; das Ganze wird beherrscht von einem mächtigen Zinnenkranz, unter dem man ein breites kalkgeputztes Band erblickt. Zu den schönsten Backsteintoren zählt das Danziger Krantor: es besteht aus zwei Backstein-Halbrundtürmen, aus denen die hölzerne Krananlage emporragt, die zum Heben schwerer Lasten bestimmt war. Das Krantor war im Juli 1442 einem Brande zum Opfer gefallen und wurde auf Anweisung des Rates der Stadt Danzig rasch wieder aufgebaut. „Damals waren die

Beziehungen zum Orden schon höchst gespannt, das Tor sollte die Stadt
gegen die benachbarte Ordensburg sichern, es war ein aus dem Bewußtsein der
eigenen Stärke in kampfbereitem Abwehrwillen errichteter Bau, er wurde mit
seiner eigenartig kühn und wuchtig vorstoßenden Silhouette zum Wahrzeichen
der Stadt, ein Sinnbild gesammelter Energien." (Ernst Gall)

Bedeutend sind auch die Tortürme in Tangermünde. Das Neustädter Tor ist
ein breitgelagertes Doppelturmtor (um 1300). Zwei wuchtige Türme flankieren
einen spitzbogigen Durchfahrtbau, der mit Wappen verziert ist (errichtet wahrscheinlich um 1450 durch Steffen Boxthude). Ebenso verdient der Tangermünder Eulenturm (auch Hühnerdorfer Torturm genannt) aus der zweiten Hälfte
des 15. Jahrhunderts mit seinen verputzten Blenden und dem ragenden Zinnenkranz Erwähnung. Von dem ursprünglichen Torbau ist heute nur noch der Turm
erhalten. Der achteckige Aufsatz mit den vorragenden Erkern stammt aus der
Zeit um 1460/70, der Turm endet mit zinnenartigen Bekrönungen und bezieht
einen erheblichen Teil seiner Wirkung von den Glasurziegeln des Untergeschosses. Unter den prachtvollsten Tortürmen der norddeutschen Spätgotik darf man
das Uenglinger Tor in Stendal aufführen. Der Kern geht auf die Zeit um 1380
zurück, und das Schmuckwerk wurde in der ersten Hälfte des 15. Jahrhunderts
vollendet. Das Tor erhebt sich auf einem quadratischen Unterbau und weist eine
außerordentlich reiche Blendengliederung auf. Vier stämmige Ecktürme stehen
auf den vier Ecken des Unterbaues; auf dieser Plattform erblickt man einen run-

FIG. 32   Bartenstein, Heilsberger Tor / Königsberg (Neumark), Bernikower Torturm

den Aufsatz mit einem vielfältig geformten Zinnenkranz. Mit diesem Zinnenkranz wiederholt sich ein Motiv, mit dem der wuchtige Unterbau bereits seinen Abschluß findet. Dieses Uenglinger Tor wurde gerade wegen seiner vielschichtigen Gestaltung in späteren Zeiten häufig nachgeahmt – in Zeiten, in denen man sich anschickte, die historischen Stile nachzuempfinden und ihr Formenvokabular erneut in Anspruch zu nehmen.

Das Stadtbild in solchen mittelalterlichen Ortschaften ist dank des Ziegeltons der Rathäuser, Kirchen und Bürgerhäuser von eigenartiger Schönheit – ob man nun das Lauenburger Städtchen Mölln durchwandert oder sich auf dem Lüneburger Platz „Am Sande" umsieht; auch die alte Hansestadt Lübeck bietet hier interessante Aspekte. In Lüneburg genießt man das Bauensemble eines schmalrechteckigen Platzes, der vom ragenden Turm St. Johannis beherrscht wird und in lückenloser Reihung einen ästhetisch überzeugenden Gesamtanblick bietet. Über den Backsteinhäusern erheben sich steile Giebel, und man wird es auf den ersten Blick kaum gewahr werden, daß sich hier verschiedene Stilformen – vor allem Gotik und Renaissance – ein fast einträchtiges Stelldichein geben, das im wesentlichen von den Silhouetten der Staffelgiebel bestimmt wird, die einmal vertikal und einmal horizontal geschichtet sind.

FIG. 33   Pasewalk, Hospital zum Hl. Geist

FIG. 34   Stralsund, Bertram Wulflam-Haus

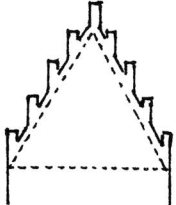

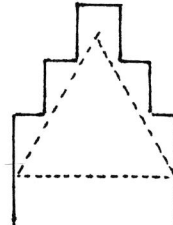

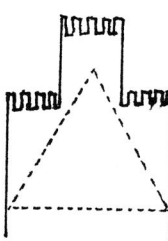

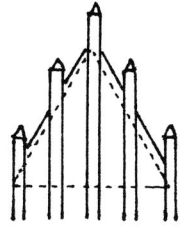

TAFEL 48

TAFEL 46

TAFEL 47

Das B ü r g e r h a u s in Steinbauweise entstand schon im 13. Jahrhundert. Bei diesen frühen Beispielen bemerkt man häufig, daß der Hofgiebel oft noch in Fachwerkbau errichtet wurde, während der Schaugiebel zur Straße hin längst ein eindrucksvoller Backsteinbau ist. Im Laufe von vier Jahrhunderten (seit 1250) hat sich das norddeutsche Giebelhaus kaum wesentlich verändert – auch haben sich in den verschiedenen Gebieten in der Erstreckung von West nach Ost kaum Differenzen gezeigt. Einen erheblichen Teil der Fassade im Unterteil des Hauses nimmt die große Tür ein, und daneben befinden sich hohe Dielenfenster. Der gesamte Wandaufbau wird von den kleinen Luken bekrönt, die zur Entlüftung der Speichergeschosse dienen. Auch bei diesen Häusern dürfte die soziale Funktion im Vordergrund gestanden haben: die Lebensbedürfnisse der Bewohner waren in diesen Jahrhunderten dieselben, und sie haben demzufolge vergleichbare formale Lösungen hervorgebracht.

Das wesentliche Gestaltungsmoment der Bürgerhäuser ist in der Form des Giebels zu sehen. Die einfachste Gestalt ist hier der Dreiecksgiebel, der in seinen Konturen die Dachschräge ausprägt. Hier waren die Möglichkeiten einer schmuckhaften Bereicherung sehr begrenzt und liefen auf eine Verzierung mit Firststaffeln und Fialen hinaus. Der zweite Typus ist ungleich dekorativer: der Staffelgiebel unterbricht die gerade Dachlinie mit wirkungsvollen Stufen, und die Staffeln sind häufig mit Zinnen bekrönt. Die komplizierteste Giebelform ist der Pfeilergiebel, wie er auch an Rathäusern und sogar an Giebelfassaden von Domen auftritt: hier wird die Dreiecksfläche des Giebels völlig verdeckt und durch vortretende Pfeiler überschnitten. Dieser Pfeilergiebel begegnet an Bürgerhäusern seltener als der Staffelgiebel, der im allgemeinen die Regel ist. Jedenfalls läßt sich eine Entwicklung innerhalb dieser Typen nicht beobachten. Sie kommen während des gesamten Mittelalters ständig nebeneinander vor, und die einzige stilgeschichtliche Entwicklung liegt in der Dekoration der Oberfläche mit Blenden, Friesen und Öffnungen.

Als Fazit der Gestaltung des Backsteinbürgerhauses darf der Grundsatz gelten, daß das Bauen in Lübeck von jeher von einer gewissen konservativen Einstellung bestimmt wurde, und daß es hier so gut wie keine entscheidenden Wandlungen gab. Die Formen sind streng und herb, die Gesamthaltung ist und bleibt nüchtern. In Wismar ist der Hausbau weniger konservativ: Die Bürger zeigten hier ihren Wohlstand sehr gern vor, und ihre Wohlhabenheit spiegelte sich in ihren Hausbauten. Die Grundhaltung ist lebendiger als in Lübeck, aber auch dynamischer als in Rostock. Die hiesigen Häuser lassen sich durchaus mit den Beispielen aus Lübeck vergleichen. Ein vorzügliches Beispiel aus Wismar ist der Alte Schwede (erbaut 1380), der einen dreiteiligen Staffelgiebel aufweist. Der Giebel ist durch schwarzgrüne Glasursteine ornamentiert und stellt eine glänzend gelöste Synthese von Giebel und Türmen dar. Ein weiteres Paradebeispiel ist das Wismarer Archidiakonatshaus, das ebenfalls durch die Einblendung von Glasurziegeln eine ornamentale Wirkung erhält, und das Greifswalder Haus Nr. 11 an der östlichen Marktfront (erbaut um 1400) mit seinem Stufenpfeilergiebel – das beste Haus dieser Art in Mecklenburg. Die Rostocker haben ihre Häuser in der Blütezeit der Stadt mit einem größeren Aufwand als die lübischen Bürger errichtet; in Mecklenburg und Pommern herrschen die vertikal geprägten Giebel am stärksten vor. Die Lüneburger Bürgerhäuser sind im Reichtum ihrer Fassadendekoration am meisten denen in Wismar vergleichbar.

Auch in Niederbayern blühte zu jener Zeit der Profanbau: Die sog. Herzogsburg in Dingolfing (15. Jahrhundert) gehört zu den bedeutendsten Baudenkmälern aus spätgotischer Zeit. In Niederbayern entwickelte sich innerhalb des Hausbaues eine bedeutsame spätgotische Baukeramik, die sich beim Schmuck von Portalen und Interieurs mit Plastiken bewährte. Die Ziegelarchitektur weicht in Niederbayern von den norddeutschen Beispielen vor allem durch die weniger vielgestaltigen Formen ab — so zeigen die bayrischen Basiliken keine so große Anzahl von Strebebögen und -pfeilern, und auch die Anwendung farbiger Glasursteine und profilierter Formsteine bleibt entschieden hinter den Bauten Norddeutschlands zurück. Der Markt war und blieb das Zentrum der bürgerlichen Aktivitäten. „Umrahmt von kunstreichen Wohnhäusern und den Denkmälern städtischer und kirchlicher Eigenständigkeit, wurde der Marktplatz zum Sinnbild des bürgerlichen Selbstbewußtseins. Großartiger konnten die Feudalherren auch nicht bauen." (Nikolaus Zaske)

FIG. 35   Jüterbog, Zinnaer Tor: Außensicht

Die stilistische Entwicklung

In demselben Maße wie die gotische Baukunst in Frankreich, England, Spanien oder in Süddeutschland ein Fortschreiten in der Gestaltung des Formenbestandes aufzuweisen hat, spiegelt auch die norddeutsche Backsteingotik eine Entwicklung von der Kunst des Deutschritterordens bis zum Ausklang der Spätgotik in den Tagen Hinrich Brunsbergs wider. Es hat den ‚Transitionalstil‘ wie am Ausgang des Anglonorman in England vergleichbar auch im norddeutschen Backsteingebiet gegeben: Er macht sich bereits bei der Kirche zu Jerichow bemerkbar (z.B. an den leicht zugespitzten Triumphbögen). Schon gegen Ende des 13. Jahrhunderts setzen sich die frühgotischen Formen stärker durch. Bereits im siebenten Jahrzehnt des 13. Jahrhunderts ist der Umbruch deutlich festzustellen, und schon um 1300 triumphiert die gotische Formauffassung (Chorin, Doberan). Der gotische Backsteinbau hat in Norddeutschland schon zu jener Zeit breite Verwendung gefunden. Die bedeutendste Blüte erlangte er zweifellos im 15. Jahrhundert, vor allem auch auf dem Gebiete der Profanbaukunst: Hier ist eine weitgehende Verfeinerung in der Herstellung der Formsteine zu beobachten.

Um 1300 zielte die Entwicklung des Backsteinbaues auf eine Vereinfachung des Baukörpers ab, die sich in erster Linie in einer stärkeren Synthese zwischen Laienkirche und Chor manifestierte. Das 14. Jahrhundert brachte den Triumph der ‚chorlosen‘ Halle mit räumlichem Chorabschluß und einer steilen Giebelfassade darüber; die Schiffe sind breitgelagert, und das Raumvolumen erscheint mehr oder minder kubisch. Das Ganze wird durch ein Satteldach beherrscht, das den Raum in entscheidender Weise strafft. Zu den wesentlichen Beispielen zählen hier Gransee, Prenzlau und Neubrandenburg. Wie bereits oben dargelegt, gewann der Typ der französischen Kathedrale mit Chorumgang und Kapellenkranz nach Erreichung der räumlichen Synthese von Laienraum und Chor erneut die Oberhand und fand seine zeitgemäße Gestaltung im reinen Hallenchor mit einem polygonalen Umgang. Zu den bedeutendsten Beispielen der hochgotischen Backsteinbaukunst gehörte vor seiner teilweisen Zerstörung das Langhaus der Marienkirche zu Neubrandenburg: Die Wirkung war elegant und außerordentlich dynamisch durch die Überhöhung des Obergadens. Die Raumschale dieser Kirche ruht in vergeistigtem Vertikalismus der Formen auf der schweren Wucht des Arkadengeschosses, das breit und behäbig wie ein monumentales Sockelgeschoß dahinfließt, das dem gotischen Experiment das solide Fundament vermittelt.

Das 14. Jahrhundert ist überhaupt die Glanzzeit des Kirchenbaues im Ostseeraum. Das Vorbild der Lübecker Marienkirche hat die norddeutsche Entwicklung weitgehend beeinflußt und dem Typus der Basilika Vorschub geleistet, wobei zu bemerken wäre, daß die Hallenkirche daneben ihr berechtigtes Eigenleben weiterführte. Als Beispiele für die Spätgotik sind zu nennen: in Wismar die Nikolaikirche und St. Georgen, in Stralsund die gewaltige Marienkirche mit ihrem fast festungshaften Charakter und der großartige Turm der dortigen Jakobskirche. Gewaltige Dombauten entstanden ferner in Stendal, Brandenburg und Salzwedel, und die bereits erwähnten Schmuckgiebel der Marienkirchen zu Prenzlau und Neubrandenburg stellen alles bisher auf diesem Gebiete Geschaffene in den Schatten.

Das 14. Jahrhundert kulminiert in einer unerhörten Steigerung der Ausdrucksmittel in den einzelnen Formen. Die technischen Hilfsmittel werden in einem Grade verfeinert, wie dies noch in der vorangegangenen Epoche nicht vorstellbar gewesen wäre. „Das Ergebnis, der norddeutsch-baltische Backsteinbau, wie er in seiner Hauptmasse im allgemeinen bekannt ist, bildet eine staunenswerte, nirgends in der Welt wieder erreichte Leistung, ein vielbewundertes Denkmal für das hohe Streben und die gewaltige gesammelte innere Kraft des 14. und 15. Jahrhunderts". (Otto Stiehl)

Im 14. Jahrhundert erbaute man Kirchen von gewaltigen Ausmaßen, und ebenso erfuhr die Anzahl der Bauwerke eine unerhörte Steigerung. Dies erklärt sich mit dem Machtzuwachs, den das Bürgertum allerorten in dieser Epoche zu verzeichnen hat. Das gesteigerte Selbstbewußtsein des norddeutschen Bürgertums fand einen ebenso beredten Ausdruck in den großartigen Backsteinbauten, wie man das Ulmer Münster (begonnen 1377) als Ausdruck des mittelalterlichen Bürgerstolzes nach dem Siege des Schwäbischen Städtebundes werten darf: auch hier wurden die gotischen Bauten der deutschen Kirchenverwaltungen an Maß und Schönheit übertroffen.

In Niederbayern wurde im 14. Jahrhundert eine verhältnismäßig geringe Anzahl von Backsteinbauten errichtet. Zu den bedeutendsten Werken gehören die Landshuter Dominikanerkirche und die Kirche St. Jodok in Landshut (vollendet 1368). Der Turm von St. Jodok steht mit dem Werke Hans Stethaimers in Verbindung, der zu den bestimmenden Persönlichkeiten des niederbayrischen Raumes zählt. In Niederbayern hat die Ziegelarchitektur im 14. und 15. Jahrhundert innerhalb der gesamten Bautätigkeit dieses Gebietes einen erheblichen Anteil besessen, zumal das Material verhältnismäßig leicht zu beschaffen war, selbst kleineren Gemeinden die Herstellung ermöglichte und ihnen somit die Lösung sogar monumentaler Bauvorhaben gestattete.

In der Schlußphase der Backsteingotik im 15. Jahrhundert entwickelte man den Typus des Hallenchors mit polygonalem Umgang aus dem letzten Viertel des 14. Jahrhunderts fort: Das hervorragendste Beispiel ist Hinrich Brunsbergs Brandenburger Katharinenkirche (s. o.).

Das Verhältnis von Hochgotik zur Spätgotik liegt in dem grundlegenden Unterschied der Wandgestaltung: Ging die Hochgotik von der Konzeption rahmender Wandflächen ungeachtet des Umstands aus, daß sie durch Fenster und Pfeilerbögen durchbrochen wurden, so schätzte man in der Spätgotik in sich geschlossene und kompakte Mauerflächen. Der Spätgotik eignet nun der reichgestaltete Schmuckgiebel der Ost- oder Westfassade. Diese Giebel leben von der intensiven Sprache durchbrochenen Maßwerks und reichen oftmals an die Wirkung malerischer Effekte heran (Neubrandenburg, Marienkirche). „Er gehört zu den schönsten Schauwänden des norddeutschen Backsteingebietes." (Nikolaus Zaske) Zu den wesentlichen Beispielen solcher ragenden Ostgiebel darf man die Marienkirche zu Greifswald (letztes Viertel des 14. Jahrhunderts) rechnen, die Formsteine entsprechen jener Entwicklungsstufe, die das Stralsunder Rathaus repräsentiert. In dieser Phase des Dekorationsstils wird die eigentliche Fläche aufgelöst zugunsten eines Spiels aus Licht und Schatten und der Wechselwirkung von Blenden mit der Folie des blauen Himmels darüber. „Die glänzendsten Beispiele dieser spielenden Formbehandlung sind wahre Prachtstücke dekorativer Architektur, an denen der an sich schlichte Baustoff zu märchen-

hafter, bezaubernder Wirkung gesteigert worden ist." (Otto Stiehl) Zu den wesentlichen Aussagen dieser Art zählen die Brandenburger Katharinenkirche und das Rathaus zu Tangermünde. Sicher darf man nicht in den Fehler verfallen, jene spätgotischen Zierbauten ausschließlich als repräsentativ für die gesamte Backsteingotik zu betrachten. Aber sie sind immerhin ein beredter Ausdruck des festlichen Glanzes jener spätmittelalterlichen Gestaltung, wie er sich in vergleichbarer Weise in Frankreich im ‚Style flamboyant' manifestiert. So hat sich die Backsteinbaukunst noch in das 16. Jahrhundert mit einer Verwandtschaft der einzelnen Formen hinübergerettet, vor allem in den Bürgerhäusern der folgenden Epoche, wobei die formale Straffheit der Rundstäbe die waagrechten Stufen betont; für England wäre schließlich an die an das Mittelalter anschließende Tudorzeit zu denken, z.B. an den prachtvollen Schloßbau Kardinal Wolseys und König Heinrichs VIII. zu Hampton Court.

Das Bürgertum des 16. Jahrhunderts hat allerorten in Deutschland die Vorherrschaft der gotischen Bauweise überwunden und sich der neuen Auffassung, der Renaissance, zugewendet. Man beobachtet indessen vor allem in Norddeutschland bis in das Barockzeitalter hinein ein Festhalten am Backsteinmaterial. Mit dem Zeitalter der Gotik ging im wesentlichen auch die glänzende Epoche der Hansegeschichte zu Ende, und der Bürger in den Hansestädten identifizierte den Begriff der Gotik mit der Blüte der Bürgerherrschaft in den Städten. So lebte die Backsteinbaukunst fort, sogar bis in das 17. Jahrhundert hinein, und es gibt in den Städten der Mark Brandenburg und Mecklenburgs, z. B. in der Schweriner Nikolaikirche, genügend Beispiele für den barocken Ziegelbau. Selbst ein so ursprünglicher Schöpfer und Baumeister wie Karl Friedrich Schinkel hat in Berlin einige Kirchen wie z.B. die Alte Nazarethkirche und die Friedrich-Werdersche Kirche (1824–1830) im bewährten Backstein errichtet.

FIG. 36   Bernau, Steintor

TAFEL   1   Ratzeburg, Dom: Ansicht von Süden

TAFEL 2   Jerichow, Klosterkirche: Langhaus nach Osten

TAFEL 3   Bergen/Rügen, Pfarrkirche St. Marien: Langhaus nach Osten

TAFEL 4 Wust-Melkow, Dorfkirche: Ansicht von Südwesten

TAFEL 5   Havelberg, Dom: Ansicht von Nordwesten

TAFEL 6   Lehnin, Klosterkirche: Langhaus nach Osten

TAFEL 7   Chorin, Westfassade

TAFEL 8   Steffenshagen, Dorfkirche: Südportal mit Apostelfiguren

TAFEL 9   Eberswalde, Pfarrkirche: Portalskulptur

TAFEL 10   Gransee, Pfarrkirche St. Marien: Langhaus nach Osten

TAFEL 11   Lübeck, Türme der Marienkirche

TAFEL 12   Pasewalk, Pfarrkirche St. Marien: Langhaus nach Osten

TAFEL 13   Stendal, Dom St. Nikolaus: Langhaus nach Osten

TAFEL 14   Steffenshagen, Dorfkirche: Langhaus nach Osten

82

TAFEL 15   Bützow, Dom: Langhaus nach Osten

TAFEL 16   Herzberg, Pfarrkirche St. Marien: Gewölbe nach Osten

TAFEL 17   Herzberg, Pfarrkirche St. Marien: Blick in den Chor

TAFEL 19   Lüneburg, Michaeliskirche: Langhaus nach Osten

TAFEL 20   Gransee, Pfarrkirche St. Marien: Ostgiebel

TAFEL 21   Stralsund, Nikolaikirche

TAFEL 22   Rostock, Marienkirche: Westfassade

TAFEL 23   Chorin, Klosterkirche: Südwand

TAFEL 24   Güstrow, Dom: Langhaus nach Osten

TAFEL 25   Güstrow, Dom: Ansicht von Südosten

TAFEL 26   Schwerin, Dom: Langhaus nach Osten

TAFEL 27   Eldena bei Greifswald: Ruine der Klosterkirche

TAFEL 28   Doberan, Klosterkirche: Pfeiler im Querhaus

TAFEL 29   Doberan, Klosterkirche: Ansicht von Südosten

TAFEL 30   Frauenburg, Dom von Westen

TAFEL 31   Pelplin, Zisterzienserkirche von Westen

TAFEL 32   Marienburg, Gesamtansicht

100

TAFEL 33   Danzig, die Marienkirche von Süden

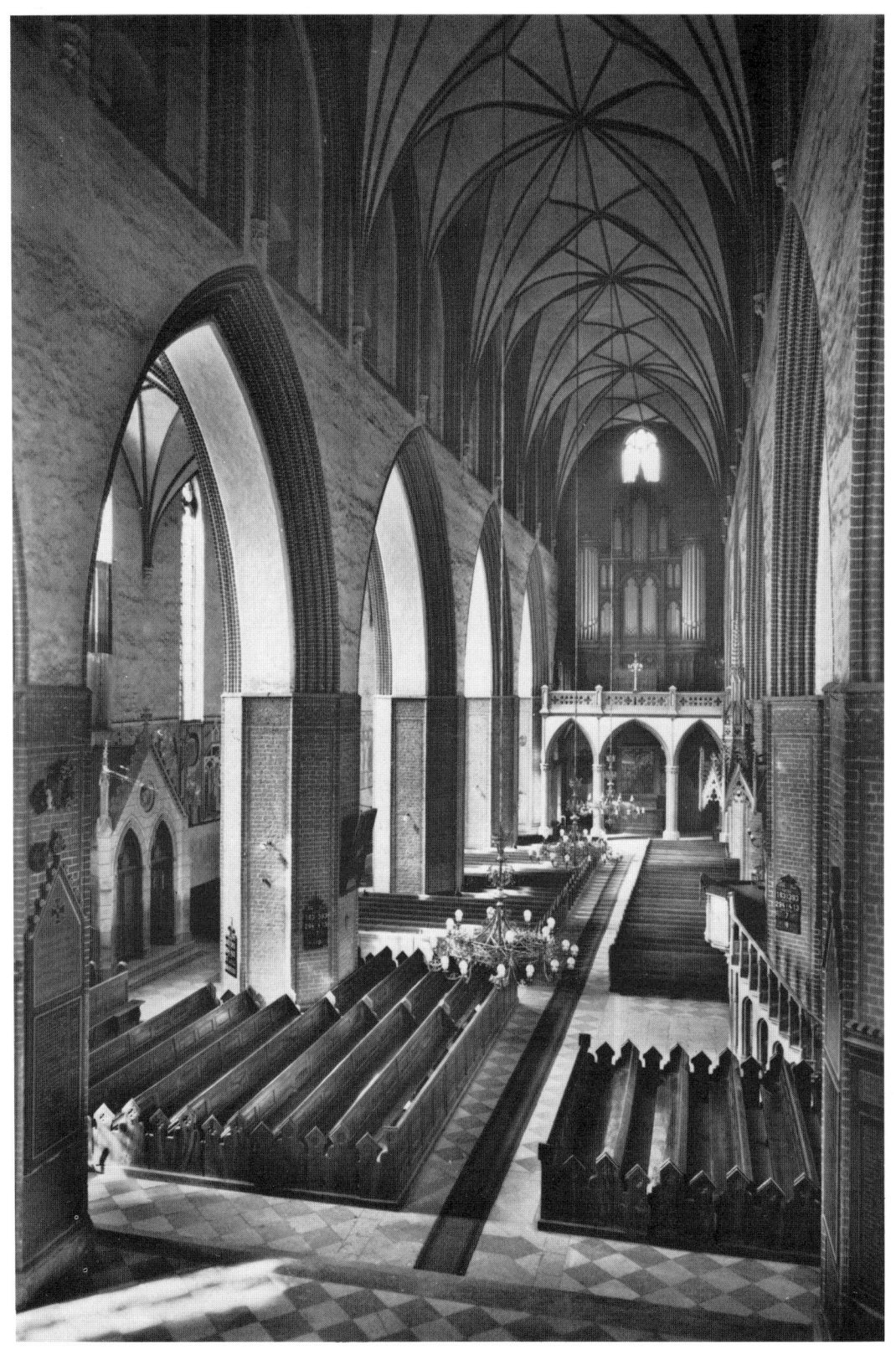

TAFEL 34   Marienwerder, Dom: Langhaus nach Osten

TAFEL 35   Brandenburg, Rathaus

TAFEL 36 a. Stralsund, Rathaus: Detail vom Giebel
b. Brandenburg, Katharinenkirche: Maßwerk von der Südkapelle

TAFEL 37   Brandenburg, Katharinenkirche: Giebel der Südkapelle

TAFEL 38   Tangermünde, Rathaus: Maßwerk vom Giebel

TAFEL 39   Tangermünde, Rathaus

TAFEL 40   Jüterbog, Rathaus

TAFEL 41   Tangermünde, Neustädter Tor

TAFEL 42   Gransee, Ruppiner Tor

TAFEL 43   Thorn, Dansker der Ordensburg

TAFEL 44   Tangermünde, Burg Karls IV.

TAFEL 45   Brandenburg, Rathenower Torturm

TAFEL 46   Lübeck, Holstentor

TAFEL 47   Neubrandenburg, Neues Tor

TAFEL 48   Friedland, Neubrandenburger Tor

TAFEL 49   Stendal, Uenglinger Tor

TAFEL 50   Jüterbog, Dammtor

118

TAFEL 51   Rostock, Kröpeliner Tor

TAFEL 52   Greifswald, spätgotisches Bürgerhaus (Platz der Freundschaft Nr. 11)

TAFEL 53   Lüneburg, gotisches Haus (Am Sande)

TAFEL 54   Wismar, Haus „Alter Schwede"

Hauptbeispiele norddeutscher Backsteinbaukunst

ALLENSTEIN

St. Jakobikirche (letztes Viertel des 14. Jahrhunderts), dreischiffige und chorlose Halle, erst im 16. Jahrhundert eingewölbt.

ALTENKIRCHEN (Rügen)

Dorfkirche. Vor 1200 als Basilika in Backstein begonnen. Der spätromanische Kernbau wurde im 14. Jahrhundert gotisch erweitert.

ALTENKREMPE

Kirche, dreischiffige spätromanische Backsteinbasilika (entstanden zwischen 1190 und 1240), eines der hervorragendsten Beispiele spätromanischer Backsteinarchitektur in Norddeutschland.

ALTENTREPTOW

Stadtkirche St. Peter. Dreischiffige gotische Backsteinhallenkirche des 14. Jahrhunderts; im 15. Jahrhundert spätgotisch nach Osten erweitert.

Kapelle St. Jürgen, spätgotischer Backsteinbau des 15. oder 16. Jahrhunderts, später zum Spital umgebaut.

ALT-KRÜSSOW

Dorfkirche, 1520 geweiht, rechteckiger Saalbau mit reichem östlichen Staffelgiebel.

ALTRUPPIN

Pfarrkirche, einschiffiger frühgotischer Backsteinbau (13. Jahrhundert, Ende des 16. Jahrhunderts erweitert und umgestaltet).

ANGERMÜNDE

Pfarrkirche St. Marien, dreischiffige Hallenkirche ursprünglich als Granitquaderbau (13. Jahrhundert); im 15. Jahrhundert in Backstein erweitert und umgebaut.

ANKLAM

Marienkirche, dreischiffige Backsteinhalle, aus der zweiten Hälfte des 13. und dem 14. Jahrhundert, Chor im 15. Jahrhundert erweitert.

Nikolaikirche, Backsteinhalle des 14. Jahrhunderts. Seit dem 2. Weltkrieg Ruine, nur Turm erhalten.

Steintor, spätgotischer Backsteinbau (1434 urkundlich genannt) mit Blendengliederung und Staffelgiebel.

ARENDSEE

Klosterkirche des ehem. Benediktiner-Nonnen-Klosters, dreischiffige spätromanische Pfeilerbasilika, (begonnen kurz nach 1184, vollendet etwa 1210).

BALGA

Ordensschloß (1270 – 1290)

BAD SEGEBERG

Marienkirche, dreischiffige romanische Backsteinbasilika (begonnen nach 1156).

BARTENSTEIN

Heilsberger Tor (ausgebaut im 15. Jahrhundert).

BARTH (Ostsee)

Stadtkirche St. Marien. Baubeginn 1255, im 14. Jahrhundert Erneuerung des Langhauses als dreischiffige Halle mit achteckigen Pfeilern. Westturm um 1400 vollendet.

Dammtor, Rest der spätgotischen Stadtbefestigung des 15. Jahrhunderts.

BEESKOW

Schloß, spätgotischer Backsteinbau (1519–1524).

Pfarrkirche St. Marien, dreischiffige spätgotische Backsteinhalle (15. Jahrhundert), seit 1945 Ruine.

BELITZ

Dorfkirche, dreischiffige spätgotische Backstein-Basilika (Anfang des 15. Jahrhunderts).

BERGEN (Rügen)

Marienkirche, spätromanische Backsteinbasilika des 13. Jahrhunderts mit Querschiff und Westturm. Langhaus nach 1445 als spätgotische Hallenkirche umgestaltet.

BERLIN

Marienkirche, dreischiffige gotische Backstein-Halle (frühgotisch um 1260/70, nach Brand im 15. Jahrhundert spätgotisch wiederaufgebaut).

Nikolaikirche am Molkenmarkt, dreischiffige spätgotische Backstein-Halle mit Granitunterbau des zweitürmigen Westwerks (vollendet um 1470). Als Ruine erhalten (1945 stark zerstört).

Franziskanerkirche (Klosterkirche des ehem. Franziskanerklosters). Dreischiffige frühgotische Backstein-Basilika (um 1300). 1945 schwer beschädigt, nur als Ruine erhalten.

Heiliggeist-Kapelle, einschiffiger gotischer Backsteinbau (erstes Drittel des 14. Jahrhunderts).

BERNAU

Pfarrkirche St. Marien, spätgotische Backsteinhalle aus dem letzten Viertel des 15. Jahrhunderts. 1519 Einwölbung des Mittelschiffs vollendet.

Spitalkirche St. Georg, einschiffiger spätgotischer Backsteinbau des 15. Jahrhunderts.

Steintor, viergeschossiger spätgotischer Backsteinbau nach 1450 (Barockhaube des 18. Jahrhunderts).

BORDESHOLM

Klosterkirche der Augustinerchorherren, dreischiffige gotische Backsteinhalle (Ostteil 1309–1332 errichtet, Westteil 1450 begonnen).

BRANDENBURG

Dom, romanischer Kernbau (um 1200), Einwölbung in der ersten Hälfte des 13. Jahrhunderts. Um- und Anbauten in spätgotischer Zeit. Dreischiffige Backsteinbasilika.

St. Nikolai, dreischiffige Basilika aus dem Anfang des 13. Jahrhunderts, westlicher Staffelgiebel von 1467, nach Zerstörung 1945 rekonstruiert.

Pfarrkirche St. Pauli, Backsteinhalle (1330–1340 vollendet), seit dem zweiten Weltkrieg Ruine.

Katharinenkirche, dreischiffige Backsteinhalle, Bau von Hinrich Brunsberg (1387–1411), reicher baukeramischer Schmuck.

St. Godehard, ursprünglich Granitquaderbau um 1200, später umgebaut als dreischiffige Hallenkirche in Backstein (15. Jahrhundert).

Pfarrkirche St. Johannis, einschiffiger Backsteinbau (um 1300), im zweiten Weltkrieg ausgebrannt.

Pfarrkirche St. Pauli, dreischiffige Backsteinhalle (um 1300), im zweiten Weltkrieg ausgebrannt.

Rathaus, Altstadt. Zwischen 1470 und 1480 erbaut.

Mühlentorturm, 1411 von N. Kraft aus Stettin erbaut.

Steintorturm, fünfgeschossig, nach 1400 mit Zinnenkranz erbaut.

Rathenower Torturm, 14. Jahrhundert, im 16. Jahrhundert verändert, mit Stich- und Spitzbogenblenden.

Plauer Torturm (15. Jahrhundert) mit gemauerter Turmspitze und durchbrochenem Zierkranz.

BREKLUM
Kirche, einschiffige spätromanische Backsteinkirche (Anfang des 13. Jahrhunderts), bedeutendste spätromanische Backsteinkirche Schleswigs.

BRÜEL
Pfarrkirche, einschiffiger frühgotischer Backsteinbau (13. Jahrhundert).

BÜSUM
Kirche, einschiffiger spätgotischer Backsteinbau von saalkirchenartigem Charakter (nach 1434).

BÜTZOW
Dom (ehem. Kollegiatstiftkirche St. Maria, St. Johannes und St. Elisabeth), Baubeginn der dreischiffigen Basilika 1249, um 1280 Weiterbau als dreischiffige Halle.

BURG/Fehmarn
Nikolaikirche, dreischiffige gotische Backsteinhalle (Mitte des 13. Jahrhunderts).

CHORIN
Klosterkirche, Bauzeit Ende des 13. und Beginn des 14. Jahrhunderts. Teilweiser Verfall nach der Reformation, seit 1815 Maßnahmen zur Erhaltung der Kirche.

COTTBUS
Pfarrkirche St. Nikolaus, dreischiffige Backsteinhalle der zweiten Hälfte des 15. Jahrhunderts. Starke Beschädigungen im zweiten Weltkrieg beseitigt.

Franziskaner-Klosterkirche, einschiffiger frühgotischer Backsteinbau (14. Jahrhundert).

DANZIG
Marienkirche, Typ der Hallenkirche, erbaut 1342–1502, mit dreischiffigem Presbyterium und einem Kapellen-kranz. – *St. Trinitatiskirche* (1420–1514) – *Johanniskirche* (14./15. Jahrhundert) – *Katharinenkirche* (14./15. Jahrhundert).

Krantor (nach einem Brande 1442 erneuert): die Krananlage in der Mitte des Backsteinbaus besteht aus Holz und war zum Heben schwerer Lasten bestimmt.

DARGUN
Klosterkirche, Backsteinbasilika aus der ersten Hälfte des 13. Jahrhunderts, Erneuerung 1464–1469 nach dem Doberaner Vorbild. Im zweiten Weltkrieg weitgehend zerstört, Ruine.

DEMMIN
Stadtkirche St. Bartholomäus, dreischiffige Backsteinhalle des 14. Jahrhunderts. 1945 beschädigt, restauriert.

DESSAU
Marienkirche, spätgotische Backsteinhalle aus der ersten Hälfte des 16. Jahrhunderts. Im zweiten Weltkrieg stark zerstört.

Pfarrkirche, ursprünglich dreischiffige spätromanische Backsteinbasilika (erste Hälfte des 13. Jahrhunderts).

DIESDORF
Klosterkirche des ehem. Augustiner-Nonnen-Klosters, dreischiffige spätromanische Backsteinbasilika (gegründet 1161, erbaut in der ersten Hälfte des 13. Jahrhunderts).

DOBBERTIN
Klosterkirche (ehem. Benediktiner-Nonnenkloster), einschiffiger gotischer Backsteinbau (14. Jahrhundert). Das Äußere wurde von Schinkel verändert.

DOBERAN
Klosterkirche, Backsteinbasilika des späten 13. und des 14. Jahrhunderts. Unter dem Einfluß der Lübecker Marienkirche (Chorumgang mit Kapellenkranz).

DOBBERLUG
Zisterzienserkirche, dreischiffige spätromanische Backsteinbasilika (um 1220).

EBERSWALDE
Pfarrkirche Maria Magdalena, dreischiffige Backsteinbasilika mit Westturm (Anfang 14. Jahrhunderts).

St. Georgskirche, einschiffige Backsteinspitalkirche (15. Jahrhundert).

ECKERNFÖRDE
Nikolaikirche, dreischiffige spätgotische Backsteinhalle.

ELBING
Marienkirche: als Klosterkirche der Dominikaner 1238 gegründet; nach einem Brande 1504 wurde die zweischiffige Halle errichtet.

EUTIN
Michaeliskirche, dreischiffige spätromanische Backsteinbasilika (erstes Drittel des 13. Jahrhunderts).

FISCHBECK
Dorfkirche, Übergangsstil der Mitte des 13. Jahrhunderts, Chor um 1500 erneuert.

FLENSBURG
Marienkirche, dreischiffige gotische Backsteinhalle (Baubeginn des Westteils im späten 13. Jahrhundert, Ostteil vor 1445 vollendet).

Nikolaikirche, dreischiffige gotische Backsteinhalle mit stark überhöhtem Mittelschiff (1390–1480 erbaut).

Hl. Geistkirche, längsrechteckige gotische Backstein-Saalkirche (ab 1386 erbaut).

Spital zum Hl. Geist (Bauteile des 13. bis 19. Jahrhunderts).

Nordertor (zweigeschossiger Backsteintorbau, um 1595).

FRANKFURT/ODER
Marienkirche, spätgotische Backsteinhalle. Einsturz des südlichen Westturms 1826. Ausbau des Langhauses (fünfschiffig) im 16. Jahrhundert. Starke Zerstörung im zweiten Weltkrieg.

Franziskanerkirche, vom frühgotischen Backsteinbau (um 1300) nur der rechteckige Chor erhalten. Weiterbau als dreischiffige Hallenkirche 1516–1525.

Nikolaikirche, frühgotische Backsteinhalle, dreischiffig, Chor im 15. Jahrhundert mit polygonalem Umgang erneuert.

Rathaus, Baubeginn in der zweiten Hälfte des 13. Jahrhunderts. Der Giebel der Nordseite etwa 1370, der stattliche Giebel der Südseite vor der ersten Hälfte des 15. Jahrhunderts.

FRAUENBURG/Ostpreußen
Dom (1329–1388), Einfluß der Zisterzienserbaukunst, reichdekorierte Westfassade. Dreischiffige Halle mit einem einschiffigen Chor.

FREIENWALDE
Pfarrkirche St. Nikolai, ursprünglich gotischer Granitbau, 1453 in Backstein umgebaut und erweitert.

FREYENSTEIN
Pfarrkirche, dreischiffige spätgotische Backsteinhalle (15. Jahrhundert).

FRIEDLAND
Marienkirche, dreischiffige Backsteinhalle des 14. Jahrhunderts; Westwerk weist im unteren Teil noch Feldsteinbau des 13. Jahrhunderts auf.

Anklamer Torturm, zwischen 1320 und 1340 im Zuge der Stadtbefestigung errichtet. Torhaus von zwei Rundtürmen flankiert.

Neubrandenburger Tor (15. Jahrhundert).

FÜRSTENWALDE
Pfarrkirche St. Marien, dreischiffige Backsteinhalle (begonnen 1446), 1766 abgebrannt und von Johann Boumann d. J. in veränderten Formen wiederaufgebaut.

Rathaus, zweigeschossiger spätgotischer Backsteinbau (um 1500), 1945 beschädigt und restauriert. Im Westen Maßwerkgiebel, im Osten offene Halle mit Sterngewölben.

GADEBUSCH
Pfarrkirche St. Jakob und St. Dionysos, Backsteinhalle aus dem Anfang des 13. Jahrhunderts.

Rathaus, gotischer Backsteinbau um 1340.

GARDELEGEN
Pfarrkirche St. Marien, ursprünglicher spätromanischer Backsteinbau um 1200, Langhaus im 13. Jahrhundert erweitert und 1558 umgebaut, spätgotischer Chor 15. Jahrhundert.

Ehem. Hospital St. Georg, spätgotischer Backsteinbau, 1734 erneuert.

GARDING
Kirche, einschiffiger romanischer Backsteinbau (12. Jahrhundert).

GARTZ/Oder
Pfarrkirche St. Stephan, dreischiffige spätgotische Backsteinhalle des 15. Jahrhunderts; seit 1945 Ruine.

Heiliggeistkapelle, spätgotischer Backsteinbau (15. Jahrhundert).

GETTORF
Kirche, gotischer Backsteinbau des 13./14. Jahrhunderts.

GRABOW
Pfarrkirche, dreischiffige gotische Backstein-Halle (13./14. Jahrhundert).

GRAMKOW
Dorfkirche im Ortsteil Hohenkirchen, einschiffiger Backsteinbau (15. Jahrhundert).

GRAMZOW
Ruine der Klosterkirche des ehem. Prämonstratenserklosters, dreischiffige spätgotische Backsteinhalle. (14. Jahrhundert).

GRANSEE
Pfarrkirche St. Marien, dreischiffige Backsteinhalle. Um 1370–80 Neubau des Chors auf den Fundamenten der Feldsteinkirche von 1240; um 1510–20 Bau der zweigeschossigen Südkapelle mit Giebel. Prachtvoller Schaugiebel der Ostwand.

Ruppiner Tor, mit Satteldach und zwei Giebeln im zweiten Viertel des 15. Jahrhunderts errichtet.

Spitalkapelle St. Spiritus, einschiffiger frühgotischer Backsteinbau (14. Jahrhundert), jetzt Heimatmuseum.

GREIFSWALD
Jakobikirche, dreischiffige Backsteinhalle der zweiten Hälfte des 13. und des 14. Jahrhunderts.

Marienkirche, dreischiffige Backsteinhalle, begonnen um 1250, im 14. Jahrhundert umgebaut.

Nikolaikirche, dreischiffige Backsteinhalle der 2. Hälfte des 13. Jahrhunderts. In der 2. Hälfte des 14. Jahrhunderts zur Basilika umgebaut; massiger Westturm.

Haus Markt Nr. 11 um 1400 als zweigeschossiges Fachwerkhaus mit vorgeblendetem Stufenpfeilergiebel erbaut.
Fangelturm (Backsteinbau des 14. Jahrhunderts), ehem. mit Kegeldach, jetzt mit Zinnen versehen.

GREIFSWALD-ELDENA

Ruine des Zisterzienserklosters, dreischiffige Backsteinbasilika (gegründet 1199), seit dem 18. Jahrhundert Ruine. Ostteile spätromanisch (erste Hälfte 13. Jahrhundert), Westteile spätgotisch (Ende 14. Jahrhundert), Westfassade Anfang 15. Jahrhundert.

GRIMMEN

Rathaus, zweigeschossiges Giebelhaus aus Backstein, um 1400 erbaut. Die Arkaden der Gerichtslaube im Erdgeschoß im 19. Jahrhundert geschlossen.
Pfarrkirche St. Marien, dreischiffige frühgotische Backstein-Halle (um 1280).

GROSS-SALITZ

Dorfkirche, dreischiffige frühgotische Backstein-Basilika (um 1300).

GÜSTROW

Dom, dreischiffige Pfeilerbasilika mit zwei Jochen, Querschiff und langgestrecktem und polygonal geschlossenen Chor. Bau des Domes von 1226 bis 1335, um die Mitte des 14. Jahrhunderts wurde das nördliche Seitenschiff zur Halle erweitert; um 1390 wurde das südliche Seitenschiff durch Kapellenanbauten verbreitert.
Stadtpfarrkirche, Backsteinkirche mit vier verschieden hohen Schiffen vor 1308 begonnen.
Gertraudenkapelle, einschiffiger spätgotischer Backsteinbau. 1950 zur Barlach-Gedenkstätte umgebaut.
Heiligegeistkapelle, gotischer Backsteinbau (14. Jahrhundert), später stark verändert.

HAVELBERG

Dom St. Marien, romanischer Gründungsbau (12. Jahrhundert), erhalten der Westriegel, Anfang 13. Jahrhundert mit Backstein erhöht. Backsteinbasilika mit Querschiff in der Spätgotik umgebaut.

HEILIGENGRABE

Klosterkirche, einschiffiger spätgotischer Backsteinbau (15. Jahrhundert).
Kapelle des Hl. Grabes, einschiffiger spätgotischer Backsteinbau (um 1490).

HEILSBERG

Schloß des Bischofs von Ermland (um 1350) mit einem großen Innenhof und vier Ecktürmen.

HERZBERG/Elster

Pfarrkirche St. Marien, dreischiffige Backsteinhalle, erbaut um 1370–1450. Gewölbemalerei nahezu vollständig erhalten; Fresken des Ostteils stammen aus dem Anfang des 15. Jahrhunderts, die des Westteils dürften ein halbes Jahrhundert später entstanden sein.
Begräbniskirche St. Katharinen, einschiffiger spätgotischer Backsteinbau (um 1400).

HIMMELPFORT

Klosterkirche des ehem Zisterzienserklosters, ursprünglich dreischiffiger gotischer Backsteinbau (14. Jahrhundert).

HOHENVIECHELN

Dorfkirche, dreischiffige Backsteinhalle (begonnen um 1300).

JERICHOW

Klosterkirche, gegründet 1144. Spätromanisch, dreischiffige Säulenbasilika mit Querschiff und ausgeschiedener Vierung, flachgedeckt. Lombardische Einflüsse.

JÜTERBOG

Pfarrkirche St. Nikolai, dreischiffige spätgotische Backsteinhalle, Chor 1475 begonnen.
Liebfrauenkirche, dreischiffige spätromanische Backsteinbasilika (begonnen um 1160), Seitenschiffe später abgebrochen.
Mönchskirche, dreischiffige spätgotische Backsteinhalle (Ende 15. Jahrhundert).
Abtshof, eingeschossiger spätgotischer Backsteinbau (nach 1478).
Rathaus, begonnen 1380. Spätgotischer Umbau 1450–1506, zweigeschossig. Im Innern Bürgermeisterzimmer mit Diamantgewölbe und prächtiger spätgotischer Tür.
Dammtor, Doppeltor (um 1480).
Neumarkter Tor, Doppeltor (1487–1489).
Zinnaer Tor (1481).

KIEL

Nikolaikirche, dreischiffige gotische Backsteinhalle (zweite Hälfte des 13. Jahrhunderts), nach weitgehender Zerstörung im 2. Weltkrieg ab 1950 wieder aufgebaut.

KLEINMACHNOW

Dorfkirche, einschiffiger spätgotischer Backsteinbau (um 1500 begonnen).

KLOSTER NEUENDORF

Klosterkirche des ehem. Zisterzienser-Nonnenklosters, einschiffiger frühgotischer Backsteinbau (zweite Hälfte des 13. Jahrhunderts).

KLOSTER ZINNA

Wohnhaus (um 1400) und *Fürstenhaus,* zweigeschossiger spätgotischer Bau (Ende 15. Jahrhunderts) mit reichem Staffelgiebel.

KÖNIGSBERG

Dom (14. Jahrhundert), Türme von 1552. Das Langhaus wurde nach dem Hallenschema umgebaut (letztes Viertel des 14. Jahrhunderts)
Schloß (Bauzeit seit 1255).

KREMPE

Rathaus, zweigeschossiger Backsteinbau von 1570.

KULM

Marienkirche (Baubeginn 14. Jahrhundert): Hallenkirche mit zweitürmiger Westfassade.

KYRITZ

Pfarrkirche St. Marien, dreischiffige spätgotische Backsteinhalle (15. Jahrhundert).

LAAGE

Pfarrkirche, dreischiffige Backstein-Halle des Transitionalstils (13. Jahrhundert).

LANDKIRCHEN (Fehmarn)

Kirche, dreischiffige gotische Backsteinhalle (Mitte des 13. Jahrhunderts).

LEHNIN

Pfarrkirche, dreischiffige Backsteinbasilika, begonnen 1180, 1262 geweiht. Außenbau romanisch, im Innern Einfluß burgundischer Frühgotik.

LENZEN

Pfarrkirche St. Katharinen, dreischiffige spätgotische Backstein-Halle (14. Jahrhundert). Im 17./18. Jahrhundert umgebaut und erweitert.

LIEBENWERDA

Pfarrkirche St. Nikolai, ursprünglich dreischiffige spätgotische Backsteinhalle (14. oder 15. Jahrhundert, nach 1513 erneuert, jetzt einschiffig.)

Schloß, von der mittelalterlichen Burg gotischer Backsteinbergfried erhalten („Lubwart").

LUCKAU

Georgskapelle, einschiffig. Begonnen im 13. Jahrhundert, um 1500 und später verändert.

Pfarrkirche Maria und Nikolaus, dreischiffige spätgotische Backsteinhalle, Mitte und zweite Hälfte des 14. Jahrhunderts.

Rathaus, gotischer Backsteinbau, im 19. Jahrhundert durch Umbauten verändert.

LUCKENWALDE

Pfarrkirche, spätgotische zweischiffige Backsteinkirche (zweite Hälfte des 15. Jahrhunderts).

LUDORF

Dorfkirche, gotischer Backstein-Zentralbau (geweiht 1346) auf achteckigem Grundriß.

LÜBBEN

Pfarrkirche St. Nikolai, spätgotische Backsteinhalle (15. und 16. Jahrhundert).

LÜBECK

Dom, dreischiffige Backsteinhalle. Basiert auf der ab 1173 bis Anfang des 13. Jahrhunderts errichteten dreischiffigen romanischen Basilika. Gotischer Hallenumgangschor mit Kapellenkranz ab 1266 (Weihe 1341). Langhaus nach Errichtung des Chors im 14. Jahrhundert zur Halle umgebaut.

Mariendom, dreischiffige gotische Backsteinbasilika. Hauptbau der norddeutschen Backsteinarchitektur. Erster Bau ab 1200 als romanische Backsteinbasilika errichtet, Neubau nach dem Stadtbrand von 1251 (drei-

schiffiger Kathedralchor). Vollendung um 1330. Schwere Beschädigung 1942, restauriert.

Jakobikirche, dreischiffige gotische Backsteinhalle (begonnen um 1300, Verwendung von Teilen der spätromanischen Kirche des 13. Jahrhunderts).

Aegidienkirche, dreischiffige gotische Backsteinhalle mit überhöhtem Mittelschiff (begonnen in der ersten Hälfte des 14. Jahrhunderts, Verwendung von Teilen der spätromanischen Kirche).

Katharinenkirche, dreischiffige gotische Backsteinbasilika, turmlos. Vollendet um 1350.

Heiligengeisthospital, erbaut 1276–1286. Kirche, dreischiffige frühgotische Backsteinhalle.

Holstentor, 1477/78 vollendet, von Hinrich Helmstede nach dem Vorbild flandrischer Brückentore erbaut. Erweiterung der Befestigungsanlagen seit Ende des 15. Jahrhunderts.

Rathaus, Baubeginn nach 1226, Erneuerung nach dem Stadtbrand 1251, Fortsetzung um 1300. Neubau des Hauptteiles 1340–1350, Abschließung des Komplexes zur Marienkirche hin mit einer mächtigen Schildwand. Mitte des 15. Jahrhunderts Veränderung der südlichen Wand (Nikolaus Peck).

Salzspeicher (an der Overtrave). In der Zeit vom 16. bis zum 18. Jahrhundert zu einer Zeile aneinandergefügt.

Burgtor, im 13. Jahrhundert erbaut. 1444 durch Nikolaus Peck um ein Geschoß erhöht.

Haus der Schiffergesellschaft (1535), blieb als einziges der Gildehäuser in ursprünglicher Gestalt erhalten.

LÜNEBURG

St. Johannis, fünfschiffige Backsteinhalle (1300–1370). Bildet mit zwei Kapellenreihen einen quadratischen Grundriß. Turm 105 m hoch.

St. Michael, dreischiffige Backsteinhalle (begonnen 1376), Kirche 1418 geweiht. Turm in der ersten Hälfte des 15. Jahrhunderts begonnen, 1765 mit einer welschen Haube abgeschlossen.

St. Nikolai, dreischiffige Backsteinbasilika (1407–1440).

Rathaus, älteste Teile aus dem 13. Jahrhundert. Barockfassade um 1720 errichtet. Bedeutendster Innenraum die Gerichtslaube (um 1330 erbaut). Wand- und Deckenmalerei aus der Zeit um 1530. Gewandhaus um 1450 errichtet.

MAGDEBURG

Lukasturm, nordöstlicher Pfeiler der Stadtbefestigung (1460), 1631 Einbruch der Belagerer unter Tilly.

MALCHIN

Stadtkirche St. Maria und Johannis, dreischiffige spätgotische Backsteinbasilika. Nach dem Stadtbrand 1397 begonnen.

Steintor (15. Jahrhundert).

Kalensches Tor (15. Jahrhundert): an der Feldseite Spitzbogenblenden, Fialen und Wimperge.

MARIENBURG a. d. Nogat

Marienburg: Baubeginn vor 1280, Vollendung 1309. Sitz des Hochmeisters des Deutschen Ordens. Wichtigste

Bauteile: Kapitelsaal, die Remter, das Dormitorium, die Schloßkirche und der Dansker.

Rathaus (Ende des 14. Jahrhunderts), Zerstörung 1450, danach Erneuerung.

MARIENWERDER

Burg, 1233 gegründet. Dom: 1285 wurde die städtische Pfarrkirche zum Dom erhoben (Vollendung der Schiffe 1355).

MELDORF

Kirche, dreischiffige frühgotische Backsteinbasilika (erbaut von 1250 bis 1300).

MELKOW

Dorfkirche, spätromanisch um 1200.

MIROW

Pfarrkirche (ehemalige Kirche der Johanniter-Komturei), einschiffiger Backsteinbau (Anfang 14. Jahrhundert).

MITTENWALDE

Pfarrkirche St. Moritz, dreischiffige spätgotische Backsteinhalle (14./15. Jahrhundert).

Hospitalkirche St. Georg, spätgotischer Backsteinbau (15. Jahrhundert).

Berliner Tor, rechteckiger spätgotischer Backsteinbau (15. Jahrhundert).

MÖLLN

Nikolaikirche, dreischiffige Backsteinbasilika (Baubeginn 1210).

Rathaus, gotisch, Ostgiebel von 1373, spätgotische Laube (1475).

MÜHLBERG (Kreis Bad Liebenwerda)

Klosterkirche des ehem Zisterzienser-Nonnenklosters Güldenstern. Einschiffiger Backsteinbau (begonnen 1228, im 13. und 14. Jahrhundert umgebaut).

MÜNCHEBERG

Küstriner Torturm, spätgotischer Backsteinbau mit Zinnenkranz.

Berliner Torturm, spätgotischer Backsteinbau mit Blendengiebel und Fialen.

NAUEN

Pfarrkirche St. Jakobi, dreischiffige spätgotische Backsteinhalle (15. Jahrhundert).

NEUBRANDENBURG

Marienkirche, gotische Backsteinhalle (13.–14. Jahrhundert). 1945 zerstört.

Friedländer Tor, Doppeltor (14./15. Jahrhundert).

Neues Tor, zweite Hälfte des 15. Jahrhunderts, mit acht aus Backstein geformten weiblichen Figuren.

Stargarder Tor, Doppeltor (14./15. Jahrhundert), mit Backsteinfiguren wie das Neue Tor ausgestattet.

Treptower Tor, Doppeltor (um 1400).

NEUKALEN

Pfarrkirche, einschiffiger spätgotischer Backsteinbau (15. Jahrhundert).

NEUKLOSTER

Klosterkirche des ehem. Zisterzienser-Nonnen-Klosters Sonnenkamp. Einschiffiger Backsteinbau, Transitionalstil (1219 – um 1250).

NEURUPPIN

Klosterkirche des ehem. Dominikerklosters, dreischiffige frühgotische Backsteinhalle (um 1300).

Siechenhauskapelle, einschiffiger spätgotischer Backsteinbau (1491).

Georgskapelle, einschiffiger spätgotischer Backsteinbau (erste Hälfte des 14. Jahrhunderts).

NEUSTADT/Oldenburg

Kirche, dreischiffige gotische Basilika (begonnen 1238, Schiff zweite Hälfte des 13. Jahrhunderts).

Kremper Tor, spätmittelalterlicher Backstein-Torturm. Außerhalb Lübecks das einzige erhaltene mittelalterliche Stadttor in Schleswig-Holstein.

NEUSTADT-GLEWE

Pfarrkirche, einschiffiger gotischer Backsteinbau (14. Jahrhundert).

Burg, gotischer Backsteinbau (erste Hälfte des 14. Jahrhunderts) mit rundem Bergfried.

NEUZELLE

Klosterkirche, spätgotische Backsteinhalle (begonnen 1268, nach Brand 1434 wiederaufgebaut und später verändert).

OLDENBURG

Kirche, dreischiffige romanische Backsteinbasilika (begonnen 1156).

PARCHIM

Pfarrkirche St. Georg, dreischiffige gotische Backstein-Halle (begonnen nach 1289) mit romanischen Bauteilen.

Pfarrkirche St. Marien, dreischiffige Backstein-Halle des Transitionalstils (geweiht 1278).

Rathaus, spätgotischer Backsteinbau mit Staffelgiebeln (Ende des 14. Jahrhunderts).

PARKENTIN

Dorfkirche, dreischiffige gotische Backstein-Halle (14. Jahrhundert).

PASEWALK

Marienkirche, dreischiffige gotische Backstein-Halle (begonnen im zweiten Drittel des 14. Jahrhunderts, von 1841–1863 erneuert).

Hospital zum Hl. Geist, zweigeschossiger spätgotischer Backsteinbau (Anfang des 16. Jahrhunderts).

PELPLIN

Zisterzienserkirche (13./14. Jahrhundert)

PENZLIN

Pfarrkirche St. Marien, dreischiffige gotische Backsteinhalle (14. Jahrhundert), ausgebaut 1877.

PLAU

Pfarrkirche, dreischiffige Backstein-Halle des Transitionalstils (zweite Hälfte des 13. Jahrhunderts).

PREETZ (Schleswig-Holstein)

Klosterkirche, dreischiffige turmlose Backsteinbasilika (1325–1340).

PRENZLAU

Marienkirche, dreischiffige gotische Backsteinhalle, (zweites Viertel des 14. Jahrhunderts), prachtvolle Fassade des Ostgiebels mit Fialen, Wimpergen und Maßwerk. 1945 ausgebrannt, Restaurierung im Gange.

Dominikanerklosterkirche zum Hl. Kreuz (jetzt Nikolaikirche), dreischiffige frühgotische Backsteinhalle (1275 begonnen).

Stadtbefestigung in Überresten erhalten (begonnen nach 1287), drei Tortürme (Blindower Tor, Schwedter Tor und Mitteltor).

PRETTIN

Turm, am Lichtenberger Tor, gotischer Backsteinbau über rundem Grundriß.

PRITZWALK

Pfarrkirche, dreischiffige spätgotische Backsteinhalle (geweiht 1441).

RAGNIT

Ordensburg, 1289 unter dem Namen Landshut gegründet, nach der Zerstörung in den Jahren 1397–1409 errichtet.

RATHENOW

Pfarrkirche St. Marien und Andreas, dreischiffige Backsteinhalle (erste Hälfte des 16. Jahrhunderts umgebaut aus einer kreuzförmigen Pfeilerbasilika).

RATZEBURG

Dom, dreischiffige Backsteinbasilika (romanisch), Baubeginn um 1170 unter Heinrich dem Löwen. Bedeutend die südliche Vorhalle.

REHNA

Klosterkirche, einschiffiger spätromanischer Backsteinbau (erste Hälfte des 13. Jahrhunderts, spätgotisch umgebaut.)

REINSHAGEN

Dorfkirche, dreischiffige frühgotische Backstein-Halle (um 1270).

RENDSBURG

Marienkirche, dreischiffige gotische Backsteinhalle (Baubeginn 1287).

RIGA

Dom (begonnen 1211): ursprünglicher Plan eines gewaltigen Hallenlanghauses, Erhöhung des Mittelschiffs in Form der Basilika (15. Jahrhundert).

RÖBEL

Pfarrkirche St. Marien, dreischiffige frühgotische Backstein-Halle (begonnen Mitte des 13. Jahrhunderts).

Pfarrkirche St. Nikolai, dreischiffige frühgotische Backsteinhalle (begonnen Mitte des 13. Jahrhunderts).

ROSTOCK

Marienkirche, dreischiffige gotische Backstein-Basilika (früher Backstein-Halle nach westfälischem Vorbild). Umgestaltung gegen Ende des 13. Jahrhunderts begonnen.

Nikolaikirche, dreischiffige frühgotische Backstein-Halle (Mitte 13. Jahrhundert). 1942 ausgebrannt, Wiederherstellung im Gange.

Petrikirche, dreischiffige gotische Backstein-Basilika (Mitte 14. Jahrhundert). 1942 bis auf Außenwände und Pfeiler zerstört, Wiederaufbau im Gange.

Klosterkirche zum Hl. Kreuz, dreischiffige gotische Backsteinhalle (gegründet um 1270, Bauzeit erste Hälfte des 14. Jahrhunderts).

Rathaus, gotischer Backsteinbau (Hauptbauzeit zwischen 1270 und 1290). Schauwand an der Marktseite im 14. Jahrhundert errichtet, im 18. Jahrhundert barock verkleidet.

Kerkhofhaus, Hinter dem Rathaus 5, spätgotisches Wohnhaus. Fassade Mitte des 16. Jahrhunderts.

Kröpeliner Tor, unterer Teil vor 1300, oberer Teil mit Turmaufbau um 1400.

Steintor, Backsteinbau 1574–1577. 1942 zerstört, 1954 rekonstruiert.

Spitalpfarrhaus, Kröpeliner Str. 82 (spätes 15. Jahrhundert) mit fünfteiligem Staffelgiebel.

SALZWEDEL

Franziskanerkirche, zweischiffige spätgotische Backstein-Halle (Langhaus 1493 vollendet).

Pfarrkirche St. Katharinen, ursprünglich frühgotischer Backsteinbau (Mitte des 13. Jahrhunderts). Um 1450 spätgotisch umgebaut (dreischiffige Backstein-Halle).

Pfarrkirche St. Marien, ursprünglich spätromanischer Backsteinbau (erste Hälfte des 13. Jahrhunderts). Spätgotische Umgestaltung von 1450 bis 1468 (fünfschiffige Backstein-Halle).

Pfarrkirche St. Lorenz, dreischiffige Backstein-Basilika des 13. Jahrhunderts (lombardisch beeinflußt). Seitenschiffe später abgebrochen, das nördliche Seitenschiff 1962 rekonstruiert.

Steintor (um 1525), Staffelgiebel mit Blendmaßwerk.

Burg (Backstein-Bergfried erhalten).

SANDAU

Pfarrkirche St. Nikolai, dreischiffige spätromanische Backsteinbasilika (um 1200), 1945 stark beschädigt, restauriert.

SCHLESWIG

Dom, dreischiffige gotische Backsteinhalle (13.–15. Jahrhundert); in den Bau einbezogen Restpartien einer romanischen Flachdeckbasilika des 12. Jahrhunderts.

SCHÖNHAUSEN

Dorfkirche, dreischiffige spätromanische Backsteinbasilika (geweiht 1212).

SCHWAAN

Pfarrkirche, einschiffiger Backsteinbau des Transitionalstils (Mitte des 13. Jahrhunderts).

SCHWERIN

Dom St. Maria und St. Johannes Evangelista, dreischiffige Backstein-Basilika (Langhaus um 1375 vollendet). Mittelschiff 1416 eingewölbt.

STEFFENSHAGEN

Dorfkirche, dreischiffige gotische Backstein-Halle (Ende des 13. und erste Hälfte des 14. Jahrhunderts). Bedeutend das Südportal mit Apostelfiguren und Darstellungen von Pflanzen und Fabeltieren.

STENDAL

Dom St. Nikolaus, dreischiffige spätgotische Backstein-Halle (begonnen 1423). Kriegsschäden 1945, bereits 1948 Restaurierung.

Pfarrkirche St. Marien, dreischiffige spätgotische Backstein-Halle (begonnen 1435).

Pfarrkirche St. Jakobi, dreischiffige spätgotische Backstein-Halle (begonnen um 1340, bis 1469 erweitert).

Pfarrkirche St. Petri, dreischiffige frühgotische Backsteinhalle (zweite Hälfte des 13. Jahrhunderts), bedeutsamer Backsteinlettner (1340/50).

Pfarrkirche St. Annen, einschiffiger spätgotischer Backsteinbau (zweite Hälfte des 15. Jahrhunderts).

Pfarrkirche St. Katharinen, einschiffiger spätgotischer Backsteinbau (zweite Hälfte des 15. Jahrhunderts).

Rathaus, aus Bauteilen des 14. und 15. Jahrhunderts zusammengewachsen, ragender Staffelgiebel.

Uenglinger Tor (begonnen um 1380, vollendet in der ersten Hälfte des 15. Jahrhunderts).

Tangermünder Tor (unterer Teil Granitquaderbau des 13. Jahrhunderts, Obergeschoß (um 1450) aus Backstein.

STEPENITZ

Klosterkirche des ehem. Zisterzienser-Nonnen-Klosters, einschiffiger frühgotischer Backsteinbau (zweite Hälfte des 13. Jahrhunderts).

STERNBERG

Pfarrkirche, dreischiffige gotische Backstein-Halle (begonnen in der zweiten Hälfte des 13. Jahrhunderts).

STETTIN

St. Johanniskirche (13./14. Jahrhundert)

STRALSUND

Nikolaikirche, dreischiffige Backstein-Basilika (14. Jahrhundert). Doppelturmfassade nach dem Einsturz des ursprünglichen einen Turmes in der zweiten Hälfte des 14. Jahrhunderts errichtet.

Marienkirche, dreischiffige gotische Backsteinbasilika (begonnen nach 1382). Hauptbauzeit im 14. Jahrhundert.

Jakobikirche, dreischiffige gotische Backstein-Basilika (ursprünglich Halle), umgebaut im 14. oder frühen 15. Jahrhundert. Bedeutender dreigeschossiger Turm des 15. Jahrhunderts.

Kirche St. Katharinen, dreischiffige frühgotische Backstein-Halle (vollendet um 1317).

Heiliggeist-Kirche, dreischiffige spätgotische Backstein-Halle (15. Jahrhundert).

Rathaus, gotischer Backsteinbau, aus zwei Giebelhäusern (zweite Hälfte des 13. Jahrhunderts) zusammengewachsen. Prachtvoller Schaugiebel nach dem Vorbild des Lübecker Rathauses.

Kütertor (erbaut 1446).

Kniepertor (frühes 14. Jahrhundert).

Backsteinhäuser in der Mühlenstraße (vor allem Nr. 1 und 3, vor allem das Bertram Wulflamhaus, spätgotisch, 1370, Giebel 1855 erneuert).

STRASBURG

Pfarrkirche St. Marien, dreischiffige spätgotische Backsteinhalle (Mitte 15. Jahrhundert).

SPREMBERG

Pfarrkirche, dreischiffige spätgotische Backsteinhalle (erste Hälfte des 16. Jahrhunderts).

TANGERMÜNDE

Pfarrkirche St. Stephan, dreischiffige spätgotische Backstein-Halle (begonnen um 1380, um 1485 vollendet). Zweitürmiger Westbau, prachtvolles Südportal.

Kapelle St. Elisabeth, einschiffiger spätgotischer Backsteinbau (zweite Hälfte des 15. Jahrhunderts).

Klosterkirche des ehem. Dominikanerklosters, spätgotischer Backsteinbau (Mitte des 15. Jahrhunderts). Nach 1648 Ruine.

Rathaus, spätgotischer Backsteinbau (Ostflügel um 1430). Prunkvoller Schmuckgiebel mit Fialen, Wimpergen und Maßwerk.

Neustädter Tor (um 1450).

Hühnerdorfer Torturm (Eulenturm), zweite Hälfte des 15. Jahrhunderts.

Elbtor, mit spitzbogiger Öffnung der Fallgatternische (1450–1470), die Anbauten an der Stadtseite entstammen dem 16. Jahrhundert.

TEMPZIN

Pfarrkirche (ehem. Antoniter-Präzeptorei), dreischiffige spätgotische Backstein-Halle (15. Jahrhundert).

TETEROW

Pfarrkirche, dreischiffige frühgotische Backstein-Basilika (zweite Hälfte des 13. Jahrhunderts).

Malchiner Tor, dreigeschossiger Backsteinbau (15. Jahrhundert).

TEUPITZ

Pfarrkirche, einschiffiger gotischer Backsteinbau (14./15. Jahrhundert).

THORN

St. Johanniskirche (zweite Hälfte des 13. Jahrhunderts),

Turm aus dem 15. Jahrhundert – *Marienkirche* (Mitte des 13. Jahrhunderts) – *St. Jakobskirche* (1309 – 1350), Turm und Westfassade um 1350.

Rathaus (13./14. Jahrhundert): regelmäßiger Bau mit vier Flügeln und einem Innenhof.

ehem. Ordensburg (erbaut seit 1250), weiterer Ausbau im 14. Jahrhundert; 1454 zerstört. Es existieren noch die Mauern des Untergeschosses und der Dansker (zweite Hälfte des 13. Jahrhunderts).

Fährtor (1432 erneuert) – *Nonnentor* (früherer Name: Heiliggeisttor), wahrscheinlich im frühen 14. Jahrhundert errichtet.

TREUENBRIETZEN

Pfarrkirche St. Nikolai, dreischiffige spätromanische Backstein-Basilika (erste Hälfte des 13. Jahrhunderts).

TRIBSEES

Pfarrkirche St. Thomas, dreischiffige frühgotische Backstein-Halle (erste Hälfte des 14. Jahrhunderts).

USEDOM

Anklamer Tor, spätgotischer Backsteinbau (um 1450).

VERCHEN

Klosterkirche (ehem. Benediktiner-Nonnenkloster), einschiffiger frühgotischer Backsteinbau (begonnen um 1270).

VIETLÜBBE

Dorfkirche, spätromanischer Backstein-Zentralbau (Anfang des 13. Jahrhunderts errichtet).

WANZKA

Klosterkirche (ehem. Zisterzienser-Nonnenkloster), einschiffiger frühgotischer Backsteinbau (geweiht 1290).

WAREN

Pfarrkirche St. Georg, dreischiffige frühgotische Backsteinbasilika (um 1300) mit neogotischem Chor.

Altes Rathaus, zweigeschossiger Backsteinbau (vor 1699).

WERBEN

Elbtor, spätgotisch (nach 1450). Rundturm mit reicher doppelgeschossiger Zinnengliederung.

WIENHAUSEN

Nonnenkloster (ehem. Zisterzienserinnen-Kloster), 1221 gegründet. Nonnenchor und Backstein-Staffelgiebel des westlichen Klostertraktes (Anfang des 14. Jahrhunderts).

WILSNACK

Wallfahrtskirche St. Nikolaus, dreischiffige spätgotische Backstein-Halle (begonnen 1384).

WISMAR

Nikolaikirche, dreischiffige gotische Backsteinbasilika Ende 14. bis Ende 15. Jahrhunderts).

Georgenkirche, dreischiffige spätgotische Backsteinbasilika (15. Jahrhundert). 1945 schwer beschädigt, Wiederaufbau vorgesehen.

Hospitalkirche zum Hl. Geist, einschiffiger gotischer Backsteinbau (14. Jahrhundert).

Archidiakonat (Anfang 15. Jahrhundert)

Der alte Schwede, Markt 20, spätgotischer Backsteinbau (um 1380).

WITTENBERGE

Steintorturm, gotischer Backsteinbau (Anfang des 14. Jahrhunderts).

WITTENBURG

Pfarrkirche St. Bartholomäus, dreischiffige Backstein-Halle des Transitionalstils (begonnen um 1240).

WITTSTOCK

Pfarrkirche St. Marien, dreischiffige gotische Backstein-Halle (begonnen in der ersten Hälfte des 13. Jahrhunderts).

Gröper Tor, gotischer Backsteinbau (14. Jahrhundert, 1503 umgestaltet).

Kapelle zum Hl. Geist, einschiffiger spätgotischer Backsteinbau (15. Jahrhundert). 1733 umgebaut.

WOLDEGK

Pfarrkirche, dreischiffige spätgotische Backsteinhalle (1442) mit Chor aus der zweiten Hälfte des 13. Jahrhunderts.

WOLGAST

Pfarrkirche St. Petri, dreischiffige spätgotische Backstein-Halle (zweite Hälfte des 14. Jahrhunderts).

Gertrudenkapelle auf dem Alten Friedhof, zwölfeckiger spätgotischer Backstein-Zentralbau (um 1400).

WOLMIRSTEDT

Schloßkapelle, einschiffiger spätgotischer Backsteinbau (1480 begonnen).

WORMDITT

Rathaus (1373) mit einem bestimmenden ragenden Staffelgiebel.

WULFERSDORF

Dorfkirche, spätgotisch (Ende 15. Jahrhundert), mit prachtvollem Ostgiebel (Staffelgiebel).

WUSTERHAUSEN/Dosse

Pfarrkirche St. Peter und Paul, im 15. Jahrhundert zur dreischiffigen spätgotischen Hallenkirche umgewandelt (geweiht 1479).

Friedhofskapelle St. Stephan, einschiffiger spätgotischer Backsteinbau (15. Jahrhundert).

ZARRENTIN

Klosterkirche (ehem. Zisterzienser-Nonnenkloster), einschiffiger spätgotischer Backsteinbau (um 1460), ursprünglich Granitbau des Transitionalstils (Mitte des 13. Jahrhunderts).

ZIESAR

Burg, ehem. Burg der Bischöfe von Brandenburg (drittes Viertel des 15. Jahrhunderts). Erhalten der Backsteinrundturm der Vorburg (Ende des 15. Jahrhunderts).

Ackerknecht, Erwin: Pommern, Königstein im Taunus o. J.

Bajcar, Adam: Polen Reiseführer, Interpress Warszawa 1971

Bogucka, Maria: das alte Danzig, Leipzig 1980

Burmeister, Werner: Norddeutsche Backsteindome, Berlin 1930

Clasen, Karl-Heinz: Die mittelalterliche Kunst im Gebiete des Deutschordensstaates Preußen, – Die Burgbauten. Frankfurt am Main 1979

Dehio, Georg: Handbuch der deutschen Kunstdenkmäler, Die Bezirke Neubrandenburg, Rostock, Schwerin; Deutscher Kunstverlag München und Berlin 1968.

Drost, Willi: Die Marienkirche in Danzig und ihre Kunstschätze, Stuttgart 1963

Fait, Joachim: Kunstdenkmäler in der DDR, Ein Bildhandbuch, Mark Brandenburg und Berlin, Edition Leipzig 1971

Fechter, Paul: Deutsche Backsteingotik, Königsberg 1937

Fischer, Friedrich: Norddeutscher Ziegelbau, München 1944

Gall, Ernst: Danzig und das Land an der Weichsel, München 1953

Gottlob, Fritz: Formenlehre der norddeutschen Backsteingotik, Leipzig 1900

Halfar, Wolfgang: Die Kunst der Deutschen im Osten vom 13. bis 16. Jahrhundert, Würzburg o. J.

Hempert, Horst: Kirchen in Mitteldeutschland (Bestand, Vernichtung, Erhaltung), Frankfurt a. M. 1962

Heuer, Reinhold: Thorn, Berlin 1941

Hirsch, Theodor: Die Oberpfarrkirche von St. Marien in Danzig, Danzig 1843

von Holst, Niels: Der Deutsche Ritterorden und seine Bauten, Berlin 1981

Hootz, Reinhardt: Deutsche Kunstdenkmäler: Ein Bild-Handbuch. Band Mecklenburg (Neubrandenburg, Rostock, Schwerin), München und Berlin 1971

Kamphausen, Alfred: Die Baudenkmäler der deutschen Kolonisation in Ostholstein und die Anfänge der nordeuropäischen Backsteinarchitektur, Neumünster/Holstein 1938

Keyser, Erich: Danzig, Berlin 1942

Kohte, Julius: Die Kunstdenkmäler der Landkreise des Regierungsbezirks Posen, Berlin 1896

Kohte, Julius: Die Kunstdenkmäler des Regierungsbezirks Bromberg, Berlin 1897

Kramp, Willy: Ostpreußen, Westpreußen und Danzig, München 1962

Krüger, Franz: Ziegelstempel in Lüneburg (Festblätter des Museumsvereins für das Fürstentum Lüneburg, Nr. 5), Lüneburg 1933

von Lorck, Carl: Ost- und Westpreußen, Frankfurt am Main 1973

Lorenz, Adolf Friedrich: Das Zisterzienserkloster Doberan, Berlin 1962

Möbius, Friedrich und Helga: Sakrale Baukunst (Mittelalterliche Kirchen in der Deutschen Demokratischen Republik), Berlin 1969

Much, Hans: Norddeutsche Backsteingotik, 3. Auflage, Braunschweig 1919

Pagel, Karl: Deutsche Heimat im Osten, Berlin 1951

Piltz, Georg: Kunstführer durch die DDR, Leipzig-Jena-Berlin 1969

Pinder, Wilhelm: Deutsche Dome des Mittelalters, Düsseldorf & Leipzig 1953

Schirge, Alfred: Der Dom zu Havelberg 1170 – 1970. Havelberg 1970

Schmid, Bernhard: Marienwerder, Berlin 1944

Schmid, Bernhard: Die Marienburg, Würzburg 1955

Schmid, Bernhard: Schloß Marienburg, Berlin 1942

Sieber, Helmut: Kunst und Kultur in Mittel- und Ostdeutschland, Frankfurt am Main 1977

Stiehl, Otto: Der Backsteinbau romanischer Zeit (besonders in Oberitalien und Norddeutschland), Leipzig 1898

Stiehl, Otto: Backsteinbauten in Norddeutschland und Dänemark, Stuttgart 1923

Suhr, Paul: Der Backsteingiebel des norddeutschen Bürgerhauses im Mittelalter, Berlin 1935

Tornius, Valerian: das Land der Deutschherren und der Hansa im Osten, Leipzig–Berlin 1918

Ulbrich, Anton: Kunstgeschichte Ostpreußens, Frankfurt am Main 1976

Wachtsmuth, Friedrich: Der Backsteinbau der Neuzeit (Die abendländische Backsteinbaukunst vom 15. Jahrhundert bis in die Gegenwart) Marburg 1942

Wassiljew, Juri: Der Dom – Kathedrale in Riga, Leningrad 1980

Weise, Erich: Handbuch der historischen Stätten – Ost- und Westpreußen, Stuttgart 1966

Wünsch, Carl: Die Bau- und Kunstdenkmäler von Ostpreußen, Königsberg 1933 (Band 1: Allenstein)

Zoder, Max: Studien zur Entwicklung des mittelalterlichen Backsteinrohbaues in Niederbayern, Passau 1929

sowie zahlreiche Monographien über einzelne Backsteinbauwerke